MENTES TÓXICAS

CÓMO LIDIAR CON GENTE TÓXICA Y DIFÍCIL, NEUTRALIZAR EL NARCISISMO, SUPERAR LA MANIPULACIÓN Y CONSTRUIR RELACIONES POSITIVAS

CHASE HILL

Copyright © 2025 by Chase Hill

All rights reserved.

The content contained within this book may not be reproduced, duplicated or transmitted without direct written permission from the author or the publisher.

Under no circumstances will any blame or legal responsibility be held against the publisher, or author, for any damages, reparation, or monetary loss due to the information contained within this book. Either directly or indirectly.

Legal Notice:

This book is copyright protected. This book is only for personal use. You cannot amend, distribute, sell, use, quote or paraphrase any part, or the content within this book, without the consent of the author or publisher.

Disclaimer Notice:

Please note the information contained within this document is for educational and entertainment purposes only. All effort has been executed to present accurate, up to date, and reliable, complete information. No warranties of any kind are declared or implied. Readers acknowledge that the author is not engaging in the rendering of legal, financial, medical or professional advice. The content within this book has been derived from various sources. Please consult a licensed professional before attempting any techniques outlined in this book.

By reading this document, the reader agrees that under no circumstances is the author responsible for any losses, direct or indirect, which are incurred as a result of the use of information contained within this document, including, but not limited to, — errors, omissions, or inaccuracies.

ÍNDICE

Introducción	5
Capítulo 1: Siempre habrá personas difíciles en tu vida - así que, ¡acéptalo!	13
Capítulo 2: ¿Tú también estás siendo difícil?	22
Capítulo 3: Todo comienza contigo	30
Capítulo 4: Comprendiendo a los sociópatas	41
Capítulo 5: Comprendiendo a los narcisistas	58
Capítulo 6: No todas las personas que tienen comportamientos tóxicos son narcisistas o sociópatas	73
Capítulo 7: La manipulación: el jefe de la psicología oscura	89
Capítulo 8: Tácticas para poner fin y superar la manipulación	100
Capítulo 9: Lidiar con la negatividad	110
Capítulo 10: Cómo hablar con personas tóxicas sin tener que renunciar a tu poder	122
Capítulo 11: Cómo lidiar con personas difíciles	133
Capítulo 12: Los efectos duraderos del maltrato emocional	151
Capítulo 13: Consejos para una recuperación exitosa	159
Capítulo 14: Sé el dueño de tu propia vida	166
Conclusión	177
Bibliografía	181

INTRODUCCIÓN

Hace unos años, me encontré en una situación que debería haber sido sencilla. Un amigo -llamémosle "Kyle"- necesitaba un lugar donde quedarse unos días. Esta historia ya la habrás oído antes: alguien se queda sin un lugar donde vivir, su vida se vuelve un poco caótica y, antes de que te des cuenta, tu sofá se convierte en su nuevo hogar.

Uno pensaría que sería fácil decirle a alguien como Kyle que se fuera, pero no se trataba de un ataque hostil. Kyle había dominado el arte del invitado de bajo mantenimiento. Lo hacía tan bien que comencé a sentirme culpable. Contribuía bastante - limpiaba un plato por aquí, hacía alguna compra por allá- y echarlo era como echar a alguien por ser demasiado ordenado.

Pero en algún momento me di cuenta de que mi vida orbitaba en torno a la suya. ¿Mi sofá? Ahora el suyo. ¿Lo que miraba en la tele? Era elección de Kyle. Incluso mi tiempo a solas debía ser agendado entre sus necesidades. Poco a poco me había convertido en un personaje secundario en mi propio apartamento.

¿Por qué no dije nada? Porque me había convencido a mí mismo de que estaba siendo un buen tipo. Si hablaba, significaría enfrentarme al hecho de que esta amistad no era tanto un sistema de apoyo mutuo, sino más bien una reserva gratuita de Airbnb sin fecha de salida.

Me decía a mí mismo que sólo era Kyle siendo Kyle, pero en realidad era yo evitando el conflicto. Seguía diciendo: "No pasa nada", incluso cuando no era así.

Ése es el truco de la toxicidad, ¿verdad? No siempre se presenta con luces intermitentes y sirenas. A veces lleva un rostro amable, sostiene una bolsa de la compra llena de tus bocadillos favoritos y te deja demasiado confundido como para preguntarte: "¿Por qué me agota tanto esto?".

Pero antes de continuar con la saga de mi amigo "el aprovechador", permíteme hablarte sobre Jenny.

Jenny no se dio cuenta de lo que ocurría hasta que fue demasiado tarde, y toda su vida había dado un vuelco. Al principio, su pareja parecía demasiado interesado en su tiempo. Dulce, ¿verdad? Pero luego, como un huésped que se queda varias noches sin avisar, su comportamiento comenzó a intensificarse. Los planes con sus amigos comenzaron a cancelarse, no porque Jenny quisiera, sino porque su pareja "no podía soportarlo" si salía de casa. Y así empezó su aislamiento gradual.

Jenny pensó que estaba haciendo lo correcto al tranquilizarlo. No quería alterar las cosas, ¿y quién querría hacerlo? Pero cuando se dio cuenta del control que él había tomado, se sintió completamente a la deriva. Su mundo se había reducido a girar en torno a sus estados de ánimo, sus necesidades y sus crisis. Había pasado de "compañera" a "conserje emocional", responsable de mantener el frágil equilibrio de su felicidad a expensas de la suya propia.

La historia de Sophie fue diferente. Su encuentro tóxico no fue en su vida personal, sino en su trabajo. Ella era parte de la minoría en su trabajo, así que toleró más de lo que debía, temiendo que si hablaba, le costaría su puesto. Su compañero de trabajo tóxico no enloqueció el primer día; comenzó con "bromas inofensivas" y poco a poco fue escalando hasta llegar a comentarios abiertamente racistas y sexistas. Cada vez que Sophie intentaba defenderse, la tachaba de "demasiado sensible". Al igual que Jenny, Sophie se encontró atrapada en una dinámica tóxica que le hacía cuestionarse cada respuesta.

Al igual que yo con Kyle, así como Jenny y su pareja, Sophie tuvo que enfrentarse a una dura verdad: las personas tóxicas no suelen irrumpir en nuestras vidas con evidente malicia. Penetran de manera silenciosa, echan raíces y nos hacen sentir que somos nosotros los que exageramos por querer recuperar el control.

Es el efecto dominó al que muchos de nosotros tenemos que hacer frente. Es como si nos pisotearan, pero no pudiéramos hacer nada al respecto. Es posible que tú mismo lo hayas notado al intentar explicarles cómo te han perjudicado sus acciones, pero de repente, la conversación da un giro y acaba siendo culpa tuya. Esto te hace sentir impotente, desesperado por un cambio que parece imposible de lograr.

El aislamiento puede doler tanto como cualquier otra cosa. Ser despojado de tu poder destruye tu autoestima y, naturalmente, pierdes la fuerza para disfrutar de aquellos aspectos de la vida que alguna vez amaste. A pesar de que desees hablar con alguien sobre la toxicidad en tu relación, expresar esas palabras en voz alta puede hacerte sentir tonto.

El hilo conductor aquí no es que todos seamos víctimas de una gran conspiración maliciosa. Es que la mayoría de nosotros, en un momento u otro, hemos sido *demasiado amables*, demasiado complacientes, demasiado dispuestos a poner nuestras necesidades en último lugar en aras de evitar conflictos. Ya sea la estancia indefinida de Kyle en mi sofá, el aislamiento gradual de Jenny por su pareja o la dosis diaria de microagresiones en el trabajo de Sophie, las situaciones tóxicas tienen una forma de convencernos de que estamos atrapados.

La verdad es que no lo estamos. Simplemente nos han engañado haciéndonos creer que pedir lo que necesitamos -espacio, respeto, límites- es de algún modo egoísta. Pero créeme, no es egoísta querer recuperar tu sofá.

Parece obvio lo que tienes que hacer, pero nunca es tan sencillo. A menudo escuchas la pregunta: "¿Por qué mantienes a estas personas en tu vida?", pero no encuentras una respuesta. En el fondo, esperas que cambien, pero existe un miedo constante a que eso nunca ocurra. Después de tanto tiempo, has aceptado que tu vida es así, o peor aún, que es lo que te mereces.

Nunca quise utilizar la palabra "tóxico" para describir a algunas personas de mi vida. Me sonaba demasiado dura, incluso cruel. Pasé de la adolescencia a la edad adulta y me encontré inventando excusas para el comportamiento de los demás: estaban pasando por un mal momento o habían sufrido en el pasado. Pero creía que no era culpa suya y que yo sólo tenía que ser más comprensivo y servicial.

¿Te suena familiar? Antes de que te des cuenta, has perdido quién eres realmente. Has cambiado para mejorar la vida de los demás, pero en el proceso, has perdido una gran parte de ti mismo. Hasta el punto en que te miras al espejo y no puedes identificarte con el reflejo.

Por desgracia, las personas tóxicas suelen aparecer en todas partes: en el trabajo, en el supermercado, en Internet e incluso en nuestras familias. Cuando oyes la palabra "tóxico", es posible que asumas que una relación tóxica es aquella que es físicamente abusiva, y esta falta de comprensión puede llevar a normalizar lo que ocurre en tu relación e impedir el cambio crucial que necesitas.

En realidad, la toxicidad tiene su propio espectro. Mientras que el abuso físico indudablemente se encuentra en la parte superior de ese espectro, el abuso emocional no puede ser ignorado. Esto puede incluir insultos directos, el tratamiento silencioso, amenazas o técnicas de manipulación. Si te encuentras constantemente confundido por el comportamiento de una persona, no te sientes cómodo a su alrededor o te sientes mal contigo mismo cuando estás con ella, estás experimentando las señales más sutiles de toxicidad.

Una persona tóxica es aquella cuyo comportamiento repercute negativamente en ti o en tu vida. Contribuyen a tus niveles de estrés, pero no se responsabilizan de ello, y es muy poco probable que te pidan disculpas. Un poco de drama en tu vida está bien, pero cuando estas personas lo convierten todo en un gran espectáculo, resulta agotador. Incluso los casos menores de toxicidad, como no ver satisfechas tus necesidades, pueden convertirse en una espiral de problemas a largo plazo para ti. A pesar de lo que te hayan dicho, eres digno de tener relaciones amables y cariñosas.

La mayoría de la gente ve los problemas en sus relaciones y asume que es la otra persona la que tiene que cambiar. A primera vista, no se equivocan, pero es probable que las personas tóxicas no se vean a sí mismas como el problema y, por lo tanto, es poco probable que se esfuercen por mejorar. Esto significa que el cambio dependerá de ti.

Para lograrlo, debemos comenzar por el principio. Esto implica mirar hacia adentro y examinar los caminos que hemos tomado para llegar a donde estamos hoy. **Todos tenemos rasgos tóxicos que podemos llevar a una relación**, al igual que todos tenemos un pasado que puede obstaculizar nuestra forma de ver las cosas.

Incluso la pasividad—dejar que las cosas pasen—puede ser tóxica.

Es esta autoreflexión y autodescubrimiento los que establecen la base para tu fortaleza y confianza. Con estas dos cualidades, podemos profundizar en la comprensión de la manipulación, el abuso emocional, el narcisismo y la sociopatía. A lo largo del camino, cubriremos técnicas en profundidad para superar los comportamientos tóxicos que estás experimentando, de modo que puedas sanar y llevar una vida plena en la que tú estés al control.

Tuve que aprender por las malas que había demasiadas personas tóxicas en mi vida. Al crecer, las relaciones tóxicas eran la norma, así que tenía sentido que la mayoría de las mías también lo fueran. Me convertí en una persona complaciente en el trabajo, diciendo que sí a todos, con la esperanza de que eso facilitaría las cosas—pero solo empeoró la situación.

Mi punto de ruptura llegó cuando dejé de cuidarme: bebía demasiado, no hacía ejercicio y comencé a engordar. Toqué fondo. La única salida era cambiar. Me formé, pasé una década estudiando psicología humana y puse en práctica diversas estrategias. Creo firmemente que el conocimiento es poder, y he creado este libro con la esperanza de que compartir lo que he aprendido te empodere.

Antes de iniciar este viaje, debes tener en cuenta una cosa. Cada persona tiene su propia historia que contar y, por ello, nadie, independientemente de su experiencia personal o profesional, tiene derecho a decirte lo que tienes que hacer. Si decides permanecer en una relación, romántica o no, es una decisión que sólo tú puedes tomar, y sobre la que tú tienes el control. La orientación en la que estás a punto de embarcarte puede ayudarte a tomar esa decisión. Aunque el cambio nunca es fácil, es mucho más factible cuando sabes que tienes a alguien a tu lado apoyándote en todo momento, alguien que ha pasado por esa transformación y ha descubierto cómo se sienten realmente las relaciones significativas.

Con un solo paso cada vez, tú también puedes hacer lo mismo. Puedes liberarte de comportamientos tóxicos y conectar con las personas a un nivel más profundo. Puedes experimentar la alegría de la confianza, el equilibrio, la comunicación honesta y saber exactamente cuál es tu posición en una relación. ¿Estás listo para dar el primer paso?

CAPÍTULO 1: SIEMPRE HABRÁ PERSONAS DIFÍCILES EN TU VIDA - ASÍ QUE, ¡ACÉPTALO!

Existen muchas personas tóxicas en el mundo y, si somos honestos, podemos notar un rango de toxicidad. En un extremo de este rango, podrías tener a alguien en tu vida que se queja sin parar; piensan que el mundo les debe algo y que tú debes ser quien escuche sus problemas, pero nunca apreciarán tus consejos. A estas personas las denominamos vampiros de energía.

En el extremo contrario se encuentran las personas tóxicas que son abusivas, violentas o incluso cosas peores. ¿Quién puede recordar un tiempo antes del 11-S, cuando el miedo al terrorismo no era una preocupación constante? Desde políticos corruptos hasta delitos, estamos rodeados de personas tóxicas constantemente. Ya sea a través de los medios de comunicación o en nuestra vida diaria, resulta complicado evitarlas.

Entonces, ¿qué es lo que lleva a las personas a ser tóxicas? Algunos piensan que nacen así, otros creen que hay complejidades neurológicas y de comportamiento implicadas, y también tenemos que tener en cuenta el impacto del entorno. Antes de caer en la trampa de ver a las personas como buenas o malas, debemos comprender mejor la psicología humana. Ten en cuenta que esto no es en modo alguno una excusa para la manera en que se comportan las personas. Sin embargo, es una forma excelente de abrir tu mente, ver las cosas desde una nueva perspectiva y quizá incluso aprender más sobre tu propia forma de pensar.

Las complejidades de la psicología humana

Sabemos que el cerebro es un órgano impresionante. A menudo sólo nos referimos a él cuando hablamos de nuestra inteligencia, pero sabemos que es responsable de controlar todos los órganos y sistemas de nuestro cuerpo. El cerebro humano tiene aproximadamente 100.000 millones de neuronas y hay alrededor de 0,15 cuatrillones de conexiones entre estas neuronas (Choi, 2016). Estas conexiones son vitales para el intercambio de sustancias químicas. Estas sustancias químicas son los neurotransmisores y se conocen 100 diferentes. Para mí, es como imaginar el tráfico más intenso del mundo y multiplicarlo por... ¡mil millones!

Algunas de estas sustancias químicas son más conocidas, como la serotonina y la oxitocina, que a menudo se denominan sustancias químicas de la felicidad u hormonas de la felicidad. La dopamina también influye en nuestro sueño, estado de ánimo, impulsos y es nuestra sustancia química de "recompensa". El ácido gamma-aminobutírico (GABA) puede mejorar nuestro estado de ánimo y ayudarnos con la ansiedad.

Los desequilibrios químicos pueden provocar emociones insanas y trastornos mentales. En concreto, los estudios realizados sobre las deficiencias de serotonina mostraron un aumento de los actos de comportamiento agresivo violento e impulsivo (Society For Neuroscience, 2007). Los desequilibrios químicos también pueden deberse a lo que consumimos, no sólo drogas y alcohol, sino también los alimentos que ingerimos. La cocaína produce una acumulación de dopamina. La comida basura puede tener un efecto similar. El placer que obtenemos de nuestro trozo favorito de pizza o hamburguesa activa el circuito de recompensa de nuestro cerebro y se produce más dopamina.

Aunque estas sustancias químicas tienen sus apodos, no hay una sola sustancia química que te haga sentir amor, odio o ira. Múltiples sustancias químicas trabajan simultáneamente en tu cerebro para ajustar tu estado de ánimo dependiendo de la situación a la que te enfrentes. Cuando te enfrentas a un peligro, el cerebro produce las sustancias químicas necesarias para proporcionarte adrenalina a fin de que reacciones más rápidamente. Esto no es algo que podamos controlar. Dicho esto, también hay medicamentos que alteran las sustancias químicas, como los antidepresivos, que podemos tomar para controlar nuestro estado de ánimo.

Los neuroquímicos son sólo uno de los factores que pueden afectar a nuestro comportamiento. Las personalidades individuales influyen mucho en lo difícil que puede ser la gente. Un estudio de la Universidad Carlos III de Madrid analizó a 541 voluntarios y cientos de dilemas sociales. Los resultados mostraron que el 90% de los participantes podían clasificarse en uno de cuatro tipos de personalidad: optimista, pesimista, confiada y envidiosa. La envidia era el tipo de personalidad más común y el monstruo de ojos verdes hace que la gente haga cosas que pueden ser desde difíciles hasta tóxicas.

El comportamiento es otro factor de la psicología humana y de la forma en que interactuamos con los demás. Nuestro comportamiento está formado por tres componentes: nuestras acciones, cogniciones y emociones. Por ejemplo, llega el fin de semana y recuerdas que tienes que hacer la compra (cognición), escribes la lista y haces la compra (acción) y, por último, te sientes algo estresado y agotado (las emociones). Evidentemente, se trata de un ejemplo muy simplificado.

Todos nacemos con neuroquímicos y nacemos con un tipo de personalidad, pero el comportamiento es aprendido. Somos producto de nuestro entorno. Aprendemos gran parte de nuestro comportamiento de nuestros padres y esto afecta a cómo actuamos en distintas situaciones y a cómo tratamos a los demás. Además, nuestro entorno físico real puede influir en nuestro comportamiento y motivaciones. Los entornos ruidosos pueden causar estrés, las habitaciones oscuras producen una sensación de pesadez o depresión. La interacción humana mejora en entornos que se sienten seguros y protegidos.

Así que, en realidad, hay una plétora de razones por las que las personas de tu vida pueden ser difíciles. Puede que simplemente sean desagradables y disfruten viéndote sufrir, o puede que haya condiciones subyacentes tras su comportamiento.

Las Perplejidades y Permutaciones de las Emociones Humanas

¿Cómo es posible que dos personas puedan estar viendo la misma película y que a una le parezca divertidísima mientras que a la otra le divierta ligeramente?

Los intervinientes en emergencias se enfrentan al peligro todos los días, pero otros tienen demasiado miedo incluso para conducir un coche o volar en avión. Cuando observas los neuroquímicos, la personalidad, el comportamiento y los entornos, empiezas a ver cómo las personas interpretan las situaciones y las emociones de otras personas de formas diferentes. Profundicemos en algunos ejemplos.

Uno de los mejores ejemplos que hemos visto a escala mundial es cómo reaccionó la gente ante el COVID-19. Esta amenaza para nuestra salud provocó una amplia gama de emociones y acciones. Algunas personas entraron en modo pánico, abasteciéndose de rollos de papel higiénico y desinfectantes. Otros pensaron que se trataba de una teoría conspirativa y todo lo demás.

La forma en que las personas afrontan el estrés varía. Algunas personas prosperan con él, dejando las cosas para el último minuto para sentir ese subidón de logro. Otras descubren que si tienen una cantidad abrumadora de cosas que hacer, se estresan aún más ante la idea de lo que tienen que hacer antes incluso de empezar. Luego están los que se rinden enseguida, sabiendo que nunca lo conseguirán todo.

Cómo vemos la tarea que tenemos por delante dicta cómo manejamos el estrés. Y no se trata sólo de las cosas que tenemos que hacer. Podemos tener reacciones distintas ante el estrés financiero, el estrés de las discusiones en una relación o el estrés del trabajo.

Es estupendo ver a gente que se toma los grandes cambios de la vida con calma. Mudarse debería ser emocionante, porque empiezas un nuevo capítulo de tu vida. Algunas personas lo hacen parecer tan fácil, con todo empaquetado y etiquetado como si fuera una operación militar. Otros están emocionalmente agotados, tristes por dejar su casa.

Podemos ver lo mismo cuando la gente tiene bebés. Parece que algunas madres se lo toman todo con calma, como si fuera algo natural. Debido a los cambios químicos y hormonales, otras mujeres sufren depresión posparto. La crianza, en general, puede ser una experiencia muy emocional y cada persona encuentra su propia manera de afrontar los retos. Muchos padres buscan ayuda y consejo de otros, mientras que otros prefieren manejar los problemas y las emociones internamente.

Es interesante cómo las personas manejan de diferentes maneras a los que se enfadan con ellos. ¿Luchas contra la ira con ira o eres el tipo de persona que puede mantener la calma? Algunas personas simplemente se ríen, mientras que otras lloran.

Cuando fallece un ser querido, podemos superar las fases del duelo, pero también es muy frecuente que la gente se quede atascada en una fase concreta, sin poder superar la rabia o la depresión. Puede que hayas experimentado una pérdida tan grande que hayas recurrido a algún tipo de adicción, ya sea beber, comer o hacer ejercicio: cualquier cosa para llenar el agujero que te han dejado.

Las experiencias por las que pasemos de niños, adolescentes y jóvenes adultos también afectarán a nuestras emociones y a cómo interpretamos las cosas. De hecho, el cerebro no está completamente desarrollado hasta los 25 años (Sapolsky, 2018). Piensa en todo lo que ocurrió en tu vida antes de esta edad, o si no has llegado al cuarto de siglo, al menos hasta ahora. Crecer con unos padres poco amables y cariñosos muestra a sus hijos lo que deben esperar de sus futuras relaciones. Los adolescentes que presencian el divorcio de sus padres suelen sentir que el matrimonio es impredecible e inestable (Risch, Jodl, Eccles, 2004).

El trastorno narcisista de la personalidad también se desarrolla antes de que el cerebro haya madurado completamente. Aunque su causa podría ser genética y/o neurobiológica, el entorno puede influir.

Los estilos de crianza influyen en las experiencias de los niños. Una admiración excesiva puede conducir a un ego inflado y a un sentimiento de autoimportancia. Por el contrario, los niños que han sido excesivamente criticados pueden sentir que no alcanzan la perfección. El narcisista puede parecer lleno de confianza con una actitud superior, pero a menudo es sólo una tapadera de una autoestima extremadamente baja.

¿Qué significa todo esto?

Significa que no podemos apresurarnos a juzgar a las personas o a etiquetarlas de malvadas o tóxicas. Los tipos de personalidad y los trastornos de personalidad tienen causas profundas: no nos levantamos un día y nos convertimos en complacientes, egocéntricos o sociópatas. Es importante decidir si las personas difíciles de tu vida están haciendo un esfuerzo por mejorar, igual que tú ahora. Puede que hayan aceptado que tienen un problema, que hayan buscado ayuda profesional y que se comuniquen abiertamente contigo para superar sus problemas. Estas personas pueden seguir siendo difíciles y seguir haciéndote daño, pero lo están intentando.

Luego están las personas de tu vida que aún no han reconocido su problema. Con ellos será más difícil, pero no imposible. Cuando estés bien encaminado hacia una vida mejor, tendrás las herramientas y los conocimientos para empezar a mostrarles cómo puede mejorar su vida. También tendrás un pequeño puñado de personas que realmente disfrutan siendo como son. Nunca cambiarán porque no creen que sea lo mejor para ellos. Éstas serán las personas más difíciles de tratar, pero eso no significa que tengas que tolerar su comportamiento.

En lugar de eso, debes aprender a manejar y adaptar tu vida de manera que su presencia no afecte negativamente tu bienestar.

Una de nuestras primeras tareas es empezar a ver a las personas por lo que realmente son, en lugar de por lo que queremos que sean. Tendemos a crear una serie de expectativas y creencias sobre las personas de nuestra vida y, a menudo, esto nos lleva a conocer sólo la mitad de lo que realmente son. Esto se ve agravado por nuestras experiencias anteriores.

Por ejemplo, si te engañaron en el pasado, es difícil no empezar cada nueva relación suponiendo que esa persona puede hacer lo mismo. Debemos dejar a un lado nuestros prejuicios y mirar a cada persona por lo que realmente es, sin ignorarla ni excusarla por sus palabras y acciones.

Hacer cambios en nuestras propias vidas es lo que va a conducir a los mejores resultados, no malgastar esfuerzos intentando cambiar a quienes no quieren hacerlo.

A continuación, imagina cómo sería la vida sin dificultades. Suena extraño, pero imagino que sería un poco aburrida. Necesitamos retos y contratiempos en nuestras vidas porque son estas experiencias las que nos permiten aprender y crecer.

No estoy sugiriendo que nos desvivamos activamente por encontrar problemas, pero la persona que ha perdido su trabajo y ha luchado económicamente puede apreciar ahora el valor del dinero.

La persona que ha amado y ha perdido, ahora sabe más sobre sí misma, sus límites y lo que no quiere en una relación. La persona que ha tenido que convivir con un padre o una pareja maltratadora se ha hecho más fuerte.

Para dar una perspectiva positiva a las personas tóxicas: todas las personas que conocemos tienen un propósito o una lección que enseñarnos. Ya no vamos a dejar de lado estas experiencias, sino que vamos a abrazarlas. Aprender a tratar con ellas, y a no dejar que sus acciones te afecten tan dolorosamente como lo han hecho en el pasado, te va a permitir crear límites sanos, lo cual es la clave de la felicidad.

Poner en práctica el Capítulo 1

Tómate un tiempo para observar a las personas tóxicas de tu vida. ¿Las conoces bien, así como sus experiencias pasadas? ¿Hay algo que pueda haber ocurrido para provocar su comportamiento? No te centres en cómo influyen negativamente en tus acciones, sino observa qué cosas positivas puedes sacar de esas relaciones difíciles.

CAPÍTULO 2: ¿TÚ TAMBIÉN ESTÁS SIENDO DIFÍCIL?

En el capítulo anterior, exploramos todas las razones por las que las personas a nuestro alrededor pueden ser difíciles. Sin embargo, siendo honestos, pensar que toda la culpa recae en los demás es un poco ingenuo.

Te resultará sumamente complicado lidiar con las personas difíciles en tu vida si no puedes dar un paso atrás y reconocer que tú también puedes tener un papel en esto. No se trata de juzgar si esto es bueno o malo; simplemente es la realidad; y nadie es perfecto. Por eso es fundamental dedicar un momento a reflexionar sobre si tenemos ciertas tendencias negativas que podrían estar empeorando las cosas.

Cómo la percepción afecta nuestras relaciones e interacciones

Imagina un plato de pollo al curry picante siendo degustado por tres personas diferentes. Se trata del mismo curry: con el mismo aroma, color, textura y sabor, pero cada persona tendrá una reacción diferente. Para uno, resultará demasiado picante; para otro, el pollo estará seco; y a la tercera persona, le parecerá que el color es poco atractivo. Esta variabilidad también se aplica a nuestra percepción de la realidad. Cincuenta personas pueden asistir a la misma fiesta —enfrentándose a la misma realidad—, pero cada una de ellas vivirá una experiencia única.

La forma en que veamos cada experiencia dependerá en gran medida de nuestras expectativas, nuestras experiencias pasadas e incluso del estado de ánimo en que nos encontremos en ese momento. Los estudios apoyan esta diferente visión de la realidad. Cuando dos equipos de fútbol jugaron un partido, se pidió a los aficionados que anotaran todas las faltas que se habían cometido. Los seguidores del equipo ganador eran los que pensaban que se habían cometido el doble de faltas de las que su equipo había cometido en realidad (Hastorf, Cantril, 1954). Desde este estudio, otros han demostrado los mismos resultados: que las personas no son objetivas y pueden ver las cosas de formas muy distintas.

El mejor ejemplo de esto hoy en día puede verse a menudo en el hogar con respecto a la igualdad. En algún momento, la mayoría de nosotros hemos discutido sobre las tareas domésticas y sobre quién hace su parte justa. A pesar de todos los hechos, la pareja no parece ponerse de acuerdo sobre la parte justa.

"¿Soy Tóxico?" Autoevaluación

Debemos mirarnos a nosotros mismos y decidir qué comportamientos y hábitos tenemos que podrían mejorarse. Puedes echar un vistazo al capítulo 1 y ver si algo te suena. Todo lo que se aplica a las personas tóxicas de tu vida puede aplicarse también a ti.

A continuación encontrarás un cuestionario de autoevaluación que te ayudará a comprender mejor las posibles cualidades negativas de tu propia personalidad.

1. ¿Prefieres hablar a escuchar?

2. ¿Te gusta el drama en tu vida?

3. ¿Te cuesta ver los puntos de vista de los demás?

4. ¿Te resulta fácil decir mentiras?

5. ¿Te gustan los cotilleos?

6. ¿Pasas mucho tiempo pensando en el pasado?

7. Cuando surgen problemas, ¿te culpas a ti mismo o a los demás?

8. ¿Te resulta fácil disculparte cuando te equivocas?

9. ¿Guardas rencor o puedes dejar pasar las cosas?

10. ¿Está bien burlarse de los demás para conseguir la risa del público?

11. ¿Haces las cosas personales, especialmente en las discusiones?

12. ¿Restas importancia a los logros de los demás?

13. ¿Tomas más de lo que das?

14. ¿Puedes ser demasiado crítico con los demás?

15. ¿Has notado que la gente tiende a evitarte o a desaparecer de tu vida sin un motivo concreto?

16. ¿Eres pasivo-agresivo o utilizas la manipulación emocional, como el tratamiento silencioso?

En general, las personas no son tóxicas ni no tóxicas. Hay distintos grados según la situación. No busques una respuesta de sí o no a si eres tóxico. Puede ser que te guste el drama y los cotilleos, pero eres más que capaz de disculparte y perdonar a los demás y dejarlo en el pasado. Esto apunta a una persona que puede tener momentos tóxicos, pero que en general es amable y simpática. El problema es que la tendencia a cotillear puede afectar gravemente a la felicidad de los demás y podrían considerarte tóxico por este comportamiento.

El poder de la aceptación

La aceptación puede ser una herramienta increíblemente poderosa tanto para el pasado como para el presente. Tu pasado ha dado forma a la persona que eres hoy. Tal vez fue una infancia dura, abandonaste la universidad o montaste un negocio que no despegó. Todas estas acciones han sido significativas en tu vida, pero muchos de nosotros seguimos aferrándonos a esos momentos. Pero, ¿cómo te está ayudando esto ahora? ¿Es saludable para ti seguir reproduciendo los momentos negativos de tu vida?

Sé que durante años me aferré a la relación que tenían mis padres. Miraba mi propia relación y comparaba los problemas, ponía excusas y culpaba a mi pasado de los problemas que tenía. Lo que debería haber hecho era simplemente aceptar que era lo que era. Por supuesto, no es tan fácil como parece, pero es tu decisión aceptar lo que te ha ocurrido hasta ahora y dejarlo donde debe estar.

En el presente, el goteo constante de cambios y acontecimientos impredecibles puede dejar nuestra mente en medio de una tormenta, debatiendo las decisiones correctas que hay que tomar, por qué siempre te ocurren estas cosas y cómo vas a sobrevivir. O puedes decidir aceptar los retos que te lanzan. Aprender a aceptar es como una tormenta increíble. Antes de la tormenta, el aire es denso y pesado. El momento de la aceptación es la lluvia, que se lleva toda la negatividad. Finalmente, te queda un cielo despejado y es más fácil ver el camino correcto hacia delante.

Ten cuidado de no caer en el otro extremo. Como explica Dylan Woon en su charla TED "El poder de la aceptación", la aceptación no consiste en un estado de no hacer nada. Si alguien te roba el coche, no lo aceptas e inicias la búsqueda de uno nuevo. Sin embargo, lo denuncias a la policía y aceptas que esa es la situación en la que te encuentras en ese momento.

Lo que también tienes que hacer es sacarlo todo de una situación aceptada y aprender de ella. Volviendo al ejemplo del coche: lo has denunciado, que es todo lo que puedes hacer en esta situación, y has aprendido la valiosa lección de elegir mejor la zona de aparcamiento, quizá incluso pagando por un aparcamiento vigilado en lugar de dejarlo en la calle. Revivir la situación y jugar al juego de "y si..." sólo va a agotarte mentalmente, ya que no tienes poder para cambiarla. Una vez que seas capaz de hacer esto con otras áreas de tu pasado, pronto verás cómo cambia tu perspectiva, y los acontecimientos futuros que de otro modo te habrían lanzado de nuevo a la tormenta, ahora podrás manejarlos con una perspectiva positiva.

Como ya he dicho, esto no es fácil. Con el tiempo, hemos entrenado subconscientemente a nuestro cerebro para mantener un firme control sobre las experiencias negativas en lugar de aceptarlas: es un hábito, y sabemos lo difícil que es romper un hábito. Tras cierto tiempo de comportamiento repetido, las acciones pasan de la parte de decisión de nuestro cerebro (el córtex prefrontal) a la zona de hábito de nuestro cerebro (los ganglios basales).

Por ejemplo, cuando estamos aprendiendo a conducir, nuestro córtex prefrontal está muy activo, pero al cabo de un tiempo, las acciones se convierten en una segunda naturaleza. Ya no es una experiencia de aprendizaje que requiera tomar decisiones, sino que conducir es un hábito.

En su mayor parte, esto nos hace la vida más fácil, ya que no necesitamos concentrarnos en algunas de nuestras tareas diarias. Pero no nos ayuda cuando se trata de nuestros malos hábitos, como no ser capaces de aceptar lo que ha ocurrido. Tenemos que aprender a romper este bucle de hábitos.

Para romper los hábitos, tenemos que reconocer qué es lo que queremos hacer de forma diferente. En este caso, tenemos que reconocer cuándo estamos demasiado apegados a un acontecimiento. Si tienes remordimientos de tu pasado -digamos que no hiciste un cambio de carrera cuando tuviste la oportunidad y ahora odias tu trabajo-, tienes que detectar el estrés y la negatividad que sientes cuando empiezas a pensar en lo que deberías haber hecho. Empieza inmediatamente a pensar en lo que has aprendido de ello. Ahora eres consciente de que, cuando surjan oportunidades, debes sopesar cuidadosamente los pros y los contras antes de tomar una decisión definitiva.

¿Qué puedes hacer respecto a tu comportamiento tóxico?

Llegados a este punto, ya te has mirado más de cerca y ahora puedes ver qué partes de tu personalidad o comportamiento son tóxicas o quizás alimentan el comportamiento de las personas tóxicas de tu vida. Aunque no debes culpar a los demás de lo que ha ocurrido en tu vida, tampoco debes castigarte por ello, lo cual nos remite a la aceptación. Lo que ha ocurrido, ha ocurrido, y ahora es el momento de seguir adelante.

A continuación te indicamos algunos pasos a seguir para que puedas convertir cualquier aspecto negativo en positividad y bondad:

Toma lo que has aprendido sobre ti mismo y mira si los demás pueden añadir algo a tus nuevos conocimientos.
No siempre es fácil detectar nuestros propios defectos, por lo que

los comentarios constructivos de personas a las que quieres y en las que confías pueden permitirte obtener una imagen más completa.

No te pongas a la defensiva cuando la gente te dé su opinión. No intentes culpar a los demás ni pongas excusas, porque ese no es el objetivo del ejercicio. Toma nota de lo que te dicen para que tú también puedas incorporar esos cambios.

Amplía tus relaciones. Esto puede sonar un poco extraño, pero fíjate si tus amigos son todos de edad, raza, religión y procedencia similares. Probablemente descubrirás que tienen valores y creencias similares. Esto no tiene nada de malo, pero si puedes ampliar tus relaciones para incluir un abanico más amplio de personalidades y experiencias, podrás aprender más sobre cómo tratar temas con los que no estás familiarizado. Podrías conocer a personas que tienen experiencia de primera mano en tratar con narcisistas o en crear confianza en las relaciones.

Pide las disculpas necesarias. Si tu introspección y tus comentarios han descubierto acciones que merecen una disculpa, ahora es el momento. No es necesario hacer un gran discurso, pero al mismo tiempo tus disculpas deben ser sinceras. Considéralo un nuevo comienzo.

Empieza a abordar tus comportamientos negativos de uno en uno. Al hacer cambios, siempre es mejor hacer pequeños cambios que vayan a durar que muchos de golpe que no vayan a durar. Por ejemplo, si solías restar importancia a los logros de tu pareja, podrías sorprenderle con una cena de celebración. O si tienes la costumbre de hablar demasiado o de interrumpir, podrías utilizar un temporizador, reentrenando tu cerebro para convertirte en un mejor comunicador.

A muchos les parecerá un capítulo extraño para un libro que pretende ayudarte a tratar con otras personas que son tóxicas. Es más probable que tú no seas tóxico y que sólo tengas que ajustar unas pocas cosas para que tus interacciones sean más fructíferas y menos conflictivas. La clave de este capítulo es que nadie es perfecto y que la perspectiva puede ayudarte no sólo ahora, sino también en futuras relaciones. Sólo puedes hacerte responsable de tu propio comportamiento; las acciones de los demás son responsabilidad suya.

CAPÍTULO 3: TODO COMIENZA CONTIGO

No hay nada más fortalecedor que convertir una situación negativa en algo positivo. Aunque es un cliché, mirarse al espejo es importante, ya que las personas tóxicas en nuestra vida han afectado nuestra autoestima significativamente. Es común que, debido a esto, nos sintamos mal con nosotros mismos.

Sin embargo, si puedes dejar atrás las palabras y acciones de otros, podrás ver tu verdadero valor cuando te mires al espejo. Al principio, podrías notar algunas arrugas nuevas o unas canas, pero al mirar más detenidamente, comenzarás a ver unos ojos llenos de amabilidad, sabiduría y bondad, listos para ofrecerse de manera adecuada a las personas correctas.

Volvamos a esas arrugas que vemos en el espejo, y si no hay arrugas, puede haber bolsas o manchas u otros signos de un camino lleno de luchas. La primera vez que lo intenté, encontré todas las excusas posibles. Las bolsas bajo los ojos se debían al estrés que me causaban mis relaciones. Mi mala piel se debía al cansancio... al estrés que me causaban mis relaciones. ¡Y puedes adivinar por qué había aparecido una papada! No tenía energía para hacer ejercicio debido a los mismos problemas.

En realidad, lo que es peor que culpar a los demás de tus problemas es que les estás entregando inmensas cantidades de poder. Si una persona tiene tanto control sobre tu vida y puede causar efectos tan negativos, entonces tiene demasiado poder. Todo empieza por encontrar tu propio poder. No un poder falso, no uno impulsado por tu ego o la necesidad de controlar, sino el verdadero poder.

¿Qué es el verdadero poder y de dónde procede?

El verdadero poder es un cóctel de ingredientes que incluye el amor, la capacidad de saber quién eres realmente y la aceptación de la que hemos hablado antes. Se trata de construir tu propia vida de forma que no impongas cosas a los demás, pero al mismo tiempo, no significa permitir que la gente te pisotee. Al establecer los límites adecuados que no te perjudiquen a ti ni a los demás, consigues experimentar un poder asombroso desde tu interior.

Para algunos es necesaria una experiencia cercana a la muerte para apreciar el poder que tienen, otros empiezan a encontrarlo mientras siguen un camino espiritual o religioso. Para el resto de nosotros, empieza aprendiendo quiénes somos realmente. Ya hemos empezado este paso observando nuestros posibles defectos y comportamientos negativos, pero hay algo más. Si has estado rodeado de personas tóxicas durante demasiado tiempo, puede que hayas perdido el contacto contigo mismo.

Tómate un momento para pensar en tus cualidades positivas: tu gran corazón, el amor que tienes para dar. ¿Qué cosas te gusta hacer? ¿Tienes aficiones o las has olvidado? Lo mismo puede decirse de tus objetivos. ¿Qué te motiva y qué quieres conseguir en la próxima semana, el próximo mes, de aquí a seis meses o dentro de un año? Una vez que hayas respondido a esas preguntas, puedes seguir unos sencillos pasos para encontrar tu verdadero poder.

Disfruta del silencio. ¿Te has dado cuenta de que constantemente hay algún tipo de sonido o distracción en nuestras vidas? Tu teléfono móvil te está tentando, la televisión está encendida o siempre hay alguien hablando contigo. Es agotador. Aprende a alejarte de estas distracciones y a apreciar el efecto calmante del silencio.

Sigue una rutina. Una rutina es una forma excelente de establecer el control sobre tu vida. También te permite estructurar tu día de modo que seas eficiente y puedas ahorrar tiempo. Toda rutina debe permitir cierta flexibilidad, pero organizar tus tareas diarias en una rutina te permite centrarte en los aspectos más desafiantes de cada día.

Pasa más tiempo con quienes te hacen sentir positivo. Hablaremos de esto más adelante, porque primero tienes que crear más tiempo libre diciendo no a quienes te generan negatividad. Sin embargo, rodearte de energía positiva te da fuerza.

Cuida tu cuerpo. No hace falta que sigas una dieta superestricta ni que vayas al gimnasio todos los días. El ejercicio regular, como caminar, nadar o incluso actividades como el yoga, es perfecto para el cuerpo y la mente. Hacer más ejercicio te ayudará a dormir mejor y, si lo combinas con una dieta equilibrada, tu energía aumentará.

Crea un hogar feliz. De nuevo, en cuanto a tus relaciones, lo veremos más adelante, pero hay otras formas de crear un hogar feliz. Siempre ayuda que tu casa esté ordenada y, por supuesto, cómoda. Cuando llegas a casa al final del día, necesitas un refugio seguro donde puedas relajarte.

Medita. La meditación es una herramienta muy valiosa para conectar con tu poder interior. No a todo el mundo le resulta fácil meditar, al menos al principio. Te ayuda a concentrarte, a calmar la mente y a reducir el estrés y la ansiedad. Descubrirás que este video de <u>meditación guiada</u> para la fuerza y el poder interiores te ayudará.

Escanea el código QR de arriba para abrir la meditación.

Todos estos pasos te guiarán hacia el descubrimiento de ti mismo y de tu verdadero poder. Sólo una vez que aprecies el poder que tienes en tu interior podrás aplicar el resto de los consejos de este libro. Entonces, ¿cómo pasamos de encontrar nuestro poder a experimentar la libertad?

Convierte tu poder en libertad

Sin culpar a la sociedad, he descubierto que vivimos en un mundo en el que no es aceptable expresar nuestras verdades. La gente nos pregunta cómo estamos y respondemos con palabras como "bien", "bien" y "bien", aunque la realidad es que no lo estamos. Por alguna razón, si hablamos de nuestros problemas se nos considera un pesado negativo. Si hablamos de nuestros éxitos, simplemente estamos presumiendo.

Incluso cuando encontramos nuestro poder, sigue habiendo un peso que nos agobia. Tenemos que darnos cuenta de que la única forma de deshacernos de este peso y permitir que el poder haga su magia es decir la verdad.

No hay necesidad de que sigas sufriendo en silencio. Los traumas que sufrimos son demasiados para luchar contra ellos en solitario y, al compartir estas experiencias, no sólo te ayudas a ti mismo, sino también a los demás. Imagina que has vivido con una pareja maltratadora. Un amigo ha perdido recientemente su trabajo y, por tanto, su casa, pero se encuentra y dicen que todo va bien.

Alternativamente, imagina que cuentas tu historia y te abres sobre el dolor que has experimentado. Lo más probable es que otras personas también se sientan más seguras a la hora de contar sus historias y liberar su propia carga. Lo hemos visto a escala mundial con movimientos como Black Lives Matter o Me Too.

Al decir la verdad sobre nuestras situaciones, comprendemos que no estamos solos y que existe una fuerte comunidad de personas que están pasando por experiencias similares, y esto es fortalecedor para todos los implicados.

Confiar en una sola persona te permitirá crear una relación mucho más profunda con ella: una amistad auténtica construida sobre la honestidad en lugar de sobre lo que creemos que debemos decir. Es más, decir la verdad abre la puerta a nuevas perspectivas en las que no habías pensado. Tu amigo puede tener palabras sabias sobre tu relación abusiva y también podrá destacar tus cualidades positivas y, lo que es más importante, recordarte tu autoestima.

No siempre es fácil abrirse hasta tal punto por miedo a que se rían de ti, te digan que lo superes o menosprecien tus experiencias. No todo el mundo sentirá que tiene una persona en su vida con la que pueda hablar. En este caso, la terapia puede ser una gran solución. Aun así, sé que la idea de hablar con un completo desconocido puede ser más aterradora que hablar con un amigo.

Si realmente no estás preparado para compartir tus verdades con el mundo todavía, al menos intenta llevar un diario. Será un buen comienzo para abrirte y disminuir la carga mientras sigues encontrando tu fuerza interior.

Recuerda que hay una diferencia entre compartir nuestras dificultades y traumas y quejarse todo el tiempo. Tanto si se trata de tu diario como de tu amigo, decir la verdad consiste en liberarte de lo que te impide hacerte más fuerte.

Quejarse del tiempo, del tráfico y de tu pareja cada vez que tienes ocasión no es productivo. Tu amigo podría darse la vuelta y empezar a quejarse de sus cosas cotidianas, y ambos se marcharían sintiéndose agotados. Para que ambos se despidan sintiéndose más ligeros, aliviados y más conectados, es importante centrarse en los problemas más significativos y profundos por los que están pasando o han pasado.

Reconocer Cómo Tus Elecciones y Creencias Limitan Quién Eres

Las elecciones que hemos hecho en el pasado nos han llevado a donde estamos hoy, y eso está bien porque ya lo hemos aceptado. Sin embargo, las elecciones que hagas de aquí en adelante van a repercutir en todos los aspectos de tu vida. Cada elección que hacemos procede de nuestros pensamientos. Como hemos visto, nuestros puntos de vista sobre la realidad van a influir en nuestras decisiones, pero no podemos olvidarnos de los pensamientos y creencias que creamos con respecto a nosotros mismos. Veamos dos ejemplos:

#1. La vida es dura: estás estresado, cansado y, en general, no te diviertes.

Hay muchas peleas y discusiones en tus relaciones y sabes que unas vacaciones romperán el ciclo y te darán la oportunidad de volver a empezar. Tras una semana de descanso, notas que la vida es definitivamente mejor, pero basta una semana, quizá dos, para que las cosas vuelvan a ser como antes.

#2. Te has separado de tu pareja hace un tiempo y acabas de empezar a socializar de nuevo.

En una fiesta, diez personas te hacen un cumplido y una dice algo que te ofende. En lugar de dejar que brille tu confianza por una vez, te obsesionas con el único comentario negativo.

Ambas situaciones se remontan a la misma cuestión: tus pensamientos. Y aunque te esfuerces por cambiar tu situación, estás atrapado en cambiar tu entorno o circunstancias en lugar de llegar al fondo de la cuestión, que son tus pensamientos sobre la vida. Puedes cambiar tu entorno yéndote de vacaciones, pero sólo cambias tus pensamientos temporalmente. Has hecho bien en dejar a una pareja tóxica, pero hasta que no te veas bajo una nueva luz, tu mente seguirá estando en esa relación.

Tus pensamientos están en la raíz de todo. Cuando piensas mal de ti mismo, tu autoestima disminuye, hablas en voz baja y miras al suelo. No tienes confianza para tomar las decisiones adecuadas y, por tanto, tus elecciones no siempre son las correctas.

Por otra parte, cuando eres capaz de pensar en ti mismo de buena manera, tu lenguaje corporal lo refleja. Te resulta más fácil ver más allá del gris, lo que significa que se iluminan caminos alternativos. Estas alternativas te permiten ver los problemas desde distintos ángulos y elegir mejor.

El truco consiste en apartar nuestra atención de lo que percibimos como el problema y reconocer que lo que realmente importa es cómo pensamos sobre el problema. Te sientes feo. El problema no es que seas feo, el problema es que piensas que eres feo.

Cuando podemos cambiar nuestros pensamientos sobre una situación, la solución se hace más fácil. La solución, en este caso, no es que tengas que adelgazar, cambiar de peinado y comprarte ropa nueva. La solución es cambiar la forma en que piensas sobre ti mismo.

Cómo superar tus creencias limitadoras y tomar el control de tu poder

Tenemos que tomar todas nuestras creencias limitantes y apreciar primero que lo único que están haciendo es frenarnos. No son un método de autoprotección. A menudo oigo cosas como: "Sí, pero si no empiezo una nueva relación entonces no me volverán a hacer daño". Parece que intenta protegerte, pero en realidad estás limitando tus posibilidades de encontrar una pareja amorosa.

Tu tarea para el capítulo 3 es tomarte un tiempo para comprender por qué toleras ciertos comportamientos, cómo dejar de soportarlos y, por último, cómo superar tus creencias limitantes. Vamos a hacerlo con los siguientes pasos:

1. ¿Por qué toleras determinados comportamientos?

Cuando te esfuerzas por hacer cosas para ayudar a los demás y no te lo agradecen, ¿por qué no les llamas la atención? O si tu familia insiste en que hagas cosas que no quieres, ¿por qué es más fácil enfadarse y alejarse que establecer un límite firme?

La razón por la que toleramos este tipo de acciones suele ser que hemos estado sometidos a control, crítica, sobrevaloración, negligencia o una combinación de todo ello a lo largo de nuestra infancia.

De niños, desarrollamos métodos de afrontamiento para estos tratos, como retraernos, volvernos pasivos y sumisos o enfadarnos. Llevamos estos métodos de afrontamiento con nosotros a la edad adulta.

Si vivías con un padre que insistía en que lo hicieras todo a su manera, puede que intentaras luchar contra él de niño y te dieras cuenta de que tus esfuerzos eran infructuosos. Cuando te encuentras en una relación adulta controladora, continúas con el mismo comportamiento que aprendiste de niño. Así que pregúntate: ¿cuáles son los comportamientos que toleras y de dónde vienen?

2. *Determina el origen de tus creencias limitantes.*

Al igual que tolerar un comportamiento que no te gusta, tus creencias limitadoras también tendrán su origen. Quizá te dijo un profesor que "nunca llegarías a nada en la vida con esa actitud", o incluso algo aparentemente inocente como: "Tienes que buscarte un marido/mujer". Esto puede incitarnos a pensar que sólo alcanzaremos todo nuestro potencial cuando estemos casados.

3. *Restablece tus creencias.*

Lo que te dijeron en el pasado no tiene ningún reflejo en tu vida actual. Recuerda que cuando escuchas lo que te dicen las personas tóxicas, estás entregando tu poder. Tu actitud puede ser la clave de lo que te hará avanzar. No necesitas casarte para estar completo. Es todo lo contrario, necesitas estar completo antes de empezar cualquier relación nueva.

4. *Busca modelos de conducta que encajen con tus creencias positivas.*

Siguiendo con el ejemplo de casarse para estar completo, para reforzar que tu nueva creencia es la correcta, busca personas que puedan respaldar tus nuevos pensamientos. Busca ejemplos de personas independientes que vivan su vida como quieran pero que mantengan una relación sana. Si crees que eres feo, pasa tiempo con quienes te hagan cumplidos y acéptalos.

5. *Representa el peor escenario posible.*

Representar el peor escenario posible no es lo mismo que vivirlo. Que te lo hayas imaginado no lo convierte en destino. Lo que sí hace es prepararte para todas las posibilidades. Si te estás planteando un cambio de profesión, lo peor que puede ocurrir es que lo odies por completo. Bien, si eso ocurre, tienes que estar preparado para buscar otro trabajo.

Por otra parte, para que no te centres demasiado en lo negativo, también podría significar conocer gente nueva, establecer contactos, aprender, ascender en la escala profesional, etc. Cuando te plantees el peor de los escenarios, verás que, al final, ¡sobrevivirás!

6. *Pon a prueba tus nuevas creencias.*

Sal con tus amigos y verás cuánta gente te llama feo. Ten confianza en ti mismo estando soltero en lugar de sentir constantemente que te falta algo. Acepta el nuevo trabajo. ¿Ha ocurrido el peor de los casos? En el improbable caso de que así fuera, sigues en pie. Si el resultado es positivo, sabrás que tu nueva creencia es sólida. Demostrar que nuestras viejas creencias son erróneas nos permite liberarnos de nuestros pensamientos anticuados sobre nosotros mismos, lo que nos lleva al crecimiento.

7. Vuelve a los comportamientos que toleras y haz pequeños cambios.

Ahora que has restablecido tus creencias sobre ti mismo, habrás encontrado una nueva sensación de confianza. Empezarás a sentir que mereces respeto y aprecio. Si te esfuerzas en preparar una buena cena para que tu pareja se sienta querida y especial, pero no recibes un beso ni siquiera un agradecimiento, ¡dile que sus acciones te han hecho daño o deja de preparar las cenas! Si te enfadas, aprende a calmarte. Si prefieres quedarte callado en lugar de hacer tambalear el barco, aprende a comunicarte de la forma correcta. Hablaremos de todo esto más adelante.

Estaba completamente inmovilizado por el peso de la toxicidad de mis padres. Nada de lo que hiciera les haría felices, orgullosos o, de hecho, provocaría ningún tipo de reacción. Pasé años intentándolo todo para que se fijaran en mí. Me decía una y otra vez que yo era el problema y que no podía hacer las cosas bien para ellos.

Cuando por fin comprendí que el problema no era yo, sino que yo intentaba cambiarme a mí mismo para hacerles felices, me di cuenta de que tenía que cambiarme a mí mismo para hacerme feliz. Fue entonces cuando me liberé no sólo de una relación tóxica, sino, poco después, de todas las relaciones negativas en las que me encontraba.

Es difícil mirarse a uno mismo de forma tan honesta y es difícil permitirse anteponer tus creencias y pensamientos a los de los que te rodean, incluso más difícil tener fe en ellos. Pero puedes hacerlo. Antes de seguir adelante, disfruta de este tiempo de autodescubrimiento, ¡porque ante todo se trata de ti!

CAPÍTULO 4: COMPRENDIENDO A LOS SOCIÓPATAS

Antes de introducirnos directamente en las causas y los comportamientos sociopáticos, quisiera aclarar la confusión habitual entre sociópatas y sicópatas. La televisión y las películas utilizan estos términos como si fueran sinónimos y, hasta cierto punto, clínicamente son similares.

Los sociópatas, así como los psicópatas padecen un trastorno antisocial de la personalidad (TAP). Estas palabras suelen describir asimismo comportamientos extremos, como asesinatos en serie o asesinatos en masa. Pero, no siempre es todo tan sencillo: hay muchos lobos con piel de cordero, aparentando ser como cualquier otro ser humano.

¿Cuál es la diferencia entre sociópatas y psicópatas?

Un sociópata es alguien que demuestra claramente que no le importan los sentimientos de los demás. Les resulta extremadamente difícil formar vínculos afectivos y esto significa que el trabajo y la vida en el hogar pueden ser difíciles de mantener. Los sociópatas son impulsivos en su comportamiento negativo, especialmente cuando se trata de su temperamento. Dicho esto, son capaces de reconocer su mal comportamiento, pero siempre tendrán alguna justificación para ello.

Los psicópatas, en cambio, son capaces de fingir para demostrar que se preocupan, pero la palabra clave es fingir. Los psicópatas no pueden crear vínculos emocionales reales, por lo que las relaciones no serán significativas ni auténticas. Es posible que los psicópatas amen, pero será a su manera. Es especialmente duro para la otra persona de la relación, porque los psicópatas pueden tener un corazón frío y no reconocerán las luchas y el dolor de los demás. Es frecuente ver a psicópatas que utilizan una vida "normal" para encubrir actividades ilegales.

También cabe mencionar que tanto los comportamientos sociopáticos como los psicopáticos tienen un espectro. Es posible que los psicópatas sientan dolor emocional y quieran ser amados, pero es su propio comportamiento el que lo dificulta (Martens, 2020). La violencia también es posible para ambos, pero es tan probable que sean violentos consigo mismos como con los demás.

La razón por la que incluimos una comprensión de ambas es que, si notas alguna de las tendencias, comprender las diferencias te permitirá elegir las mejores formas de tratar con estas personas tóxicas. Ten siempre en cuenta que muchas personas no han sido diagnosticadas, por lo que no son conscientes de su propio trastorno.

Qué hay detrás de un sociópata

Lo crucial aquí es el diagnóstico. No podemos ir por ahí diciendo que todo el que tiene arrebatos de ira es un sociópata. El narcisismo es un trastorno de la personalidad que lleva al extremo el egoísmo y la obsesión por uno mismo, pero eso no significa que sea un sociópata. Puedes tener sospechas sobre una personalidad sociopática, pero sólo los profesionales pueden diagnosticarla correctamente.

Una definición de diccionario de un sociópata es alguien "que es completamente incapaz o no está dispuesto a comportarse de un modo que sea aceptable para la sociedad" (Diccionario de Cambridge, 2021). Esto es bastante general, ya que lo que es aceptable para la sociedad cambia rápidamente. Más concretamente, los sociópatas carecen de empatía y no tienen en cuenta los derechos ni los sentimientos de los demás.

La manipulación es su técnica habitual, pero lo que más puede dolerles es que no mostrarán culpa por el dolor que causan. Si te golpeas la cabeza contra una barrera, no habrá empatía, por lo que no podrán reconocer el dolor que sientes. Si un sociópata te empuja la cabeza contra una barrera, no se sentirá culpable por ello.

Ahora, si observas todas tus relaciones, puede parecer que muchas personas de tu vida son ahora sociópatas. Yo llamo a esto "Síndrome del Doctor Google". Tenemos la sensación de conocer el diagnóstico por uno o dos síntomas. Cuando investigamos, de repente todos los síntomas de Internet se relacionan con nuestra situación.

Recuerda que todos somos capaces de distanciarnos de las situaciones dolorosas, lo que puede llevarnos a parecer sociópatas. Pasar por un divorcio puede dejarte devastado, o puedes desempolvarte y continuar con tu vida. Oír hablar de un tiroteo en un colegio hará que la mayoría se sienta fatal por las familias implicadas. Alguien que esté en contra de las armas puede hacer un comentario sobre las leyes irresponsables sobre armas, pareciendo insensible y poco empático. Es sólo otra cosa que se remonta a nuestros pensamientos y puntos de vista personales sobre la realidad.

Aun así, si observas algunas de estas características y comportamientos típicos en tus relaciones, lo mejor es que tomes las medidas más seguras y eficaces para que puedas empezar a vivir tu vida libremente.

Así pues, he aquí algunas de las señales de alarma que podrían indicar la presencia de un sociópata en tu vida (WebMD, 2020):

- Una falta total de empatía
- Comportamiento impulsivo
- Utilizar amenazas o comportamientos agresivos para controlar a las personas
- Utilizar el encanto o la inteligencia para manipular a la gente
- Decir mentiras para obtener un beneficio personal
- No aprender de sus errores pasados
- Lucha por formar relaciones significativas
- Violencia, robos y otros delitos
- Falta de responsabilidad en su trabajo o en sus tareas a cargo
- Recurrir a las drogas o al alcohol

También tienes que recordar que los sociópatas son muy buenos enmascarando su trastorno en el mundo real. Un colega que manipula a los demás puede parecer que tiene una gran orientación profesional. Los que tienen un trabajo exigente pueden utilizarlo como excusa para su falta de relaciones significativas. A los sociópatas no les importa el daño que causan sus actos o son incapaces de reconocerlo. Por este motivo, la sociopatía no suele diagnosticarse ni tratarse.

¿Cómo surge un sociópata?

El debate clásico entre todos los psicólogos es "naturaleza contra crianza". Cuando examinamos la naturaleza de los sociópatas, nos referimos a los factores genéticos y biológicos. La crianza, sin embargo, es la influencia ambiental que conduce a ciertos trastornos tanto psicológicos como de conducta.

El debate sobre la crianza se remonta a 1690, cuando el filósofo y médico John Locke creía que casi todos los rasgos del comportamiento humano se desarrollan a partir de influencias ambientales. Acuñó el término "tabula rasa" o "pizarra en blanco" en la psicología del desarrollo humano. Esta teoría se basa en la idea de que todos los bebés nacen con una pizarra en blanco y sin contenido mental incorporado.

A principios del siglo XX, John B. Watson tomó las teorías de Freud y desarrolló los orígenes de la psicología conductista. Llegó a ser conocido como el padre del conductismo purista. Watson creía que los psicólogos debían centrarse en la conducta que se observa y no en la de la mente interior. La cita más famosa de Watson destaca su idea de que la influencia cultural dominaba cualquier contribución de la herencia:

"Dadme una docena de niños sanos, bien formados, y mi propio mundo específico en el que criarlos, y os garantizo que tomaré a cualquiera al azar y lo adiestraré para que se convierta en cualquier tipo de especialista que yo elija: médico, abogado, artista, jefe mercantil y, sí, incluso mendigo y ladrón, independientemente de sus talentos, inclinaciones, tendencias, habilidades, vocaciones y raza de sus antepasados" (Watson, 1930).

Otro de los psicólogos más influyentes del siglo XX estaba de acuerdo con Watson. En una entrevista televisiva, B.F. Skinner afirmó: "Dame un niño y podré moldearlo hasta convertirlo en cualquier cosa" (Skinner, 1972).

La importancia de estos trabajos es que todos favorecen la crianza frente a la naturaleza. Esto implica que la sociopatía, al igual que otros trastornos antisociales de la personalidad, es el resultado de cómo se educa a los niños. El maltrato y el abuso son ejemplos claros. Los niños que sufren malos tratos de sus padres son más propensos a crecer siendo agresivos, poco empáticos o con dificultades para establecer relaciones significativas.

Al considerar la crianza, también podemos incluir el trauma como causa de la sociopatía. Debido a que los trastornos antisociales de la personalidad no se diagnostican, los estudios son difíciles. Por eso, la mayoría de las investigaciones se han llevado a cabo con personas que han cometido delitos o actos violentos. Tras un exhaustivo mapeo cerebral, los científicos han podido demostrar que existe una relación entre los traumatismos cerebrales y la actividad delictiva. Es lo que se conoce como sociopatía adquirida.

El primer caso fue el de Charles Whitman, ex francotirador de los marines que mató a 16 personas en un solo día en 1966. Su autopsia reveló un tumor cerebral. Sin ser tendenciosos, algunos argumentarían que el historial de Whitman como francotirador de los marines podría haber sido un factor de estrés psicosocial y la causa de su violencia, más que el tumor cerebral.

El primer estudio publicado procede de la Universidad de Glasgow. El informe incluía a 239 asesinos elegibles y descubrió que el 21,34% de ellos habían tenido o se sospechaba que tenían una lesión en la cabeza (Alley, 2013). Un infame asesino en serie incluido en el informe de la Dra. Clare Alley fue Fred West, quien, junto con su esposa, mató al menos a 12 personas. West había tenido un accidente de moto a los 17 años, que le dejó inconsciente durante dos días. Dos años más tarde, fue empujado por las escaleras por una mujer de la que intentaba abusar, lo que le causó otra lesión en la cabeza.

Esto no quiere decir que todas las personas que muestren tendencias sociopáticas vayan a convertirse en asesinos en serie. Pero se trata de otro factor de crianza, ya sea por abusos en la infancia o por traumas físicos, que puede conducir a comportamientos sociopáticos en la vida adulta.

Naturalmente, siempre hay dos lados en cada argumento. Algunos creen que la naturaleza es la causa de los trastornos antisociales de la personalidad. Debido a la estructura del cerebro, algunas personas simplemente nacen así. Al utilizar electroencefalogramas y resonancias magnéticas, los científicos pueden ver el papel de la enzima MAOA, que regula las emociones en la amígdala y el hipocampo. Provoca bajos niveles de control de los impulsos en personas con trastornos antisociales de la personalidad (Journal of Forensic Research, 2014).

Además de un desequilibrio en sustancias químicas como la dopamina y la serotonina, los sociópatas pueden tener una circunvolución temporal superior anormal, término científico que designa la zona del cerebro responsable de la percepción de las emociones, la comprensión del lenguaje y la cognición social. Así pues, los partidarios del debate sobre la naturaleza dirán que un sociópata tiene un daño estructural en el cerebro que está presente desde el nacimiento.

Curiosamente, aunque muchos utilizan el término sociópata y psicópata indistintamente, hoy en día los expertos creen que la diferencia entre ambos está en cómo empiezan a tener los síntomas. Ambos son personalidades antisociales, pero ahora se cree que el comportamiento de un sociópata se crea (crianza) y un psicópata nace con sus comportamientos (naturaleza).

Nada de esto debe asustarte. Hemos examinado las causas del comportamiento sociopático en un intento de comprender mejor a las personas tóxicas de nuestra vida, como hicimos en el primer capítulo. Aprender las causas profundas del comportamiento de las personas nos permite ver las cosas desde su punto de vista. Sin embargo, como también he dicho y debo reiterar, comprender no es lo mismo que excusar o tolerar.

¿Cómo puedes detectar a un sociópata antes de que empiece a ganar poder sobre ti?

Después de leer la sección anterior, puede que pienses que las personas tóxicas de tu vida no son sociópatas ni psicópatas porque no van por ahí cometiendo crímenes ni tramando asesinatos en masa. Éstos son los ejemplos extremos y, como ya se ha dicho, los que padecen trastornos antisociales de la personalidad (TAP) son excelentes ocultando los comportamientos que no quieren que veas.

Debido a esta capacidad de enmascarar comportamientos, es más probable que conozcas a alguien con ASPD. La prevalencia de la psicopatía varía de un estudio a otro. En general, el 1% de la población tiene rasgos psicopáticos, ¡así que sólo necesitas conocer a 100 personas! Según el *Manual Diagnóstico y Estadístico de los Trastornos Mentales*, 2013, la prevalencia de la sociopatía es del 4% de la población, es decir, una de cada 26 personas que conoces mostraría rasgos sociopáticos.

Como ya hemos mencionado las banderas rojas que te ayudarán a detectar a un sociópata, ahora veremos ejemplos concretos de cómo pueden hacer las cosas las personas con ASPD.

#1. Aumenta el encanto

Hay personas en el mundo que son naturalmente muy encantadoras y es normal que nos sintamos atraídos por estas personalidades. Pero su encanto es constante, lo que significa que no cambian el nivel de encanto en función de su público. Las personas con ASPD son capaces de adaptar su encanto, de modo que si interactúan con una persona introvertida, el encanto se reduce. Por el contrario, si están hablando con un extrovertido, subirán el nivel de encanto.

#2. Cambia tu opinión sobre los demás

Si conoces a una persona nueva y al principio te gusta, pero luego notas características que van en contra de lo que tú eres, es tu decisión que no te guste. Si te gusta alguien pero una persona con ASPD empieza a cotillear o a llenarte la cabeza de ideas venenosas sobre la otra persona para que cambies de opinión, entonces estás presenciando el comportamiento temprano de la ASPD.

#3. Sé desleal

Tan rápido como te convencen de que no te gusta alguien, al día siguiente pueden ser los mejores amigos de esta otra persona. La falta de empatía y de conexión con los demás hace que les resulte muy fácil cambiar de bando en una discusión, sobre todo si es para su propio beneficio.

#4. Juega al juego de la culpa

Tanto los sociópatas como los psicópatas son capaces de hacerte sentir como si tuvieras la culpa de todo. Puedes intentar mantener una conversación tranquila sobre una preocupación y, de repente, tú eres el dramático, no puedes hacer nada bien y tú te quejas constantemente.

Independientemente de cómo manejes la situación, te harán sentir que ellos son la víctima. También lo utilizarán como excusa para no llevarse bien con los demás, porque la culpa es de la otra persona.

#5. *Actúan como si estuvieran por encima de las normas*

A pesar de ser muy inteligentes y comprender las reglas de todo, desde un juego hasta las interacciones sociales, estas reglas no se les aplican.

Tienen la creencia genuina de que las mismas reglas por las que tú vives no se aplican a ellos. Éste es sin duda el caso cuando se trata de beneficios económicos.

#6. *Son tus confidentes más fieles*

Para manipular tus emociones y conseguir lo que quieren, primero tienen que conseguir que te abras a ellos. Una vez que se hayan ganado tu confianza y empieces a compartir tus sentimientos, tendrán munición para utilizar contra ti.

Recuerda que la ASPD consiste en gran medida en no mostrar interés por las emociones de los demás, así que cuestiona por qué esta persona tiene tanto interés en ayudarte.

#7. *Tejen una confusa red de mentiras*

Las personas con ASPD cambiarán sus historias en función de su público y de sus propios objetivos. Al final, tantos cambios de historia se convierten en una compleja red de mentiras que ni siquiera ellos pueden seguir.

Si detectas una mentira y se la presentas, le darán la vuelta a la tortilla. Puede que sientas que tú eres el paranoico y ellos tendrán la habilidad de hacerte dudar de ti mismo.

#8. Tienen una personalidad fría y caliente

Por un lado, serán muy buenos controlando su personalidad. Por otra parte, la falta de control de los impulsos y los arrebatos de ira pueden hacer que las personas con ASPD parezcan más bien Jekyll y Hyde.

#9. No muestran remordimientos

Todos cometemos errores en algún momento, algunos más grandes que otros. La mayoría de las personas son capaces de analizar lo que han hecho, comprender que han cometido una falta y sentir remordimientos. El siguiente paso natural es disculparse. La ASPD hace que no se den cuenta de lo que han hecho mal, o simplemente no les importa y, por tanto, no sienten remordimientos.

#10. Te arrasan

Esas primeras citas son cruciales para sentar las bases de una relación potencial. Algunas señales son demasiado buenas para ser verdad. Obviamente, el encanto te atraerá hacia una persona, pero luego ten cuidado con las atenciones inapropiadas, como un contacto visual intenso, que te llene de regalos y cualquier forma de atención física o verbal con la que no te sientas cómodo.

Tienes tres veces más probabilidades de conocer a un hombre con ASPD (Biblioteca Nacional de Medicina, 2013), pero eso no quiere decir que las mujeres no sean igual de capaces de hacerte sentir que son almas gemelas al instante.

Autoprotección y trato con un sociópata

Ante todo, si en tu vida hay un sociópata o un psicópata con tendencia a volverse violento o temes por tu seguridad de algún modo, ¡por favor, busca ayuda!

No te digas que es algo aislado o que no lo hicieron a propósito. Sé lo increíblemente duro que es llamar a las autoridades por alguien a quien quieres, pero míralo desde otro punto de vista. ¿Y si no les denuncias y luego descargan su ira con otra persona?

Te vas a sentir responsable. ¿Y si no es la primera vez y la próxima acaban mandándote al hospital, o algo peor? Si no te sientes capaz de contactar con la policía, acude a un amigo o familiar que pueda ayudarte.

También debes tener un plan para cuando una persona se vuelva violenta. Un buen plan es tener preparada una bolsa con tus documentos esenciales, un teléfono extra y una copia de la llave de tu coche. También puedes abrir una cuenta bancaria aparte: aunque sólo tenga un par de cientos de dólares, sabrás que tienes lo suficiente para huir inmediatamente.

Si no conoces a nadie con quien puedas quedarte, no es ninguna vergüenza ponerse en contacto con un centro de acogida para víctimas de malos tratos. Tu plan tendrá que ser más estructurado y detallado si hay niños de por medio. Siempre que sea posible, vete cuando la otra persona no esté en casa.

Por supuesto, no todas las situaciones van a desembocar en violencia.

He aquí algunas técnicas que te ayudarán a tratar con los sociópatas y a protegerte de ellos:

1. No intentes arreglarlos

Un sociópata puede que ni siquiera sea consciente de su propio comportamiento y rara vez está dispuesto a recibir la ayuda necesaria.

Por desgracia, sólo los psicoterapeutas cualificados son capaces de proporcionar un tratamiento específico, así que no puedes arreglarles. Intentarlo sólo puede empeorar la situación.

2. *Evita revelar información personal*

Debido a su necesidad de manipular, siempre es mejor no compartir demasiado con un sociópata.

Por ejemplo, no deberías hablar de tu sueldo con un compañero ASPD, porque puede intentar utilizarlo en tu contra a la hora de pagar cosas. También deberías evitar hablar de tus otras relaciones y de los detalles de tu trabajo.

3. *Confía en tus instintos*

Si tu confianza se ha visto afectada, es perfectamente normal que cuestiones tus instintos. Intenta no centrarte en el pasado y escucha lo que te dice tu instinto ahora. La mayoría de las veces, podemos percibir una mentira o una manipulación. Ten fe en ello e intenta dar un paso atrás en lugar de reaccionar y dejarte envolver por su realidad. Nunca tomes sus palabras como verdaderas si sientes lo contrario, cuestiónalo todo.

4. *Establece tus límites y di no*

Tus límites son cruciales para tu seguridad y tu bienestar mental y físico. Tus límites expresan con qué te sientes cómodo y con qué no.

Por ejemplo, puede que te parezca bien irte a vivir con alguien, pero no quieres combinar ambas finanzas. Aunque ese alguien insista, debes mantenerte firme en tu no. Esto te ayudará a protegerte de la manipulación.

5. *Encuentra el toma y daca*

Aunque habrá algunos límites duros que no deben traspasarse, hay otras situaciones en las que quizá puedas encontrar una solución que no traspase tu límite, pero que también impida que el sociópata se enfade o se ponga violento.

Como en el ejemplo anterior, podrían acordar una cuenta conjunta, pero seguir manteniendo sus cuentas separadas.

6. Aléjate cuando sea necesario

En algunos casos, hace falta todo nuestro esfuerzo para no enfadarnos. Como sólo eres responsable de tus propias palabras y acciones, a veces lo mejor que puedes hacer es poner un poco de espacio entre tú y la otra persona.

Las personas con ASPD quieren ver una reacción, por lo que seguirán presionando.

Aléjate, tómate un tiempo para procesar cómo te sientes, tranquilízate y, cuando estés preparado, puedes volver a la situación.

7. Dedica tiempo a otras relaciones

Aprovecha al máximo las relaciones positivas de tu vida. Pueden ser amigos, familiares, compañeros de trabajo, incluso alguien a quien simplemente saludas en el supermercado.

Podrás encontrar fuerzas en tus otras relaciones que te ayudarán a enfrentarte a los sociópatas.

8. Es lo que hacen, no lo que dicen

Piensa en la cita de Randall Terry "Engáñame una vez, vergüenza para ti. Engáñame dos veces, vergüenza para mí". Todos hemos oído las palabras: "Cambiaré/He cambiado/Soy una persona diferente ahora".

Puede que sea cierto, pero las palabras son fáciles de decir, sobre todo para un sociópata. Sólo sabrás si lo dicen en serio cuando empieces a ver un cambio en sus acciones.

9. Habla con un profesional

El hecho de que no seas tú quien padece ASPD no significa que no estés sometido a una inmensa presión. Algunas personas se sienten más cómodas hablando con un desconocido que con un amigo, y un asesor profesional podrá ayudarte a comprender lo que estás experimentando y ofrecerte orientación.

10. Saber cuándo es mejor poner fin a la relación

Terminar una relación o cortar los lazos con un familiar nunca va a ser fácil. Es una decisión personal que sólo tú puedes tomar. No puedes sentirte culpable por esta decisión y tienes que tener mucho cuidado de no dejar que utilicen sus técnicas manipuladoras para conseguir que te quedes.

Lo mejor es cortar toda comunicación con un sociópata cuando termines una relación. Esto significa bloquear llamadas y mensajes y borrar los perfiles de las redes sociales. Cortar todo contacto reduce la posibilidad de que puedan hacerte cambiar de opinión.

Consejos y trucos para recuperar el control y empezar a curarte

Has hecho bien en decidir romper con la persona sociópata de tu vida y has dado ese importantísimo primer paso. Como ocurre con cualquier "ruptura", es difícil mantenerse fuerte y no empezar a pensar en lo que te puedes estar perdiendo, si la persona ha cambiado o si simplemente has cometido un gran error.

Tus instintos te han dicho que ésta era la elección correcta y sabemos que los sociópatas rara vez van a cambiar. Es mucho más eficaz empezar a mirar hacia un futuro mejor que hacia un pasado oscuro.

He aquí algunos consejos y trucos para ayudarte a superar este tipo de relación tóxica:

¡No contactes con ellos! ¡Volveremos a insistir en esto! A menudo tenemos la tentación de enviar un recordatorio sobre los filtros de aire acondicionado o un mensaje de feliz cumpleaños. Hacerlo da poder a la otra persona, verá una pequeña grieta y volverá a abrirse camino.

No los busques en Internet, ni pases por delante de su casa, ni preguntes por ellos a amigos comunes. La mayoría de las veces, sólo queremos saber que les va bien porque eso es lo bonito. Sin embargo, sólo te estás torturando a ti mismo. Podrías empezar a recordar los buenos momentos y olvidar o restar importancia a la razón gigantesca por la que te fuiste en primer lugar.

Apóyate en los amigos en los momentos difíciles. A nadie le gusta que le recuerden los momentos horribles de una relación, pero si te resulta especialmente difícil mantenerte fuerte, recurre a tus amigos para que te ayuden en esos momentos. Un buen amigo no te dirá lo que ya sabes, pero podrá recordarte por qué terminaste la relación en primer lugar.

Conoce tus desencadenantes. Un desencadenante es cualquier cosa que pueda llevarte a los mismos patrones o comportamientos que antes. Personalmente, mis desencadenantes son los cumpleaños, las vacaciones y los aniversarios. Como sé que son momentos difíciles, puedo prepararme con antelación para ser más capaz de decir no a volver a caer.

Cuídate más. El autocuidado y la paciencia son dos de las claves para recuperar tu energía. Saber que la recuperación lleva tiempo evitará que te regañes a ti mismo cuando las cosas no vuelvan a la normalidad tan rápido como esperabas. Y, en este tiempo, puedes hacer ejercicio, centrarte en tu dieta, explorar nuevas aficiones, hacer nuevos amigos y relajarte.

Imagina que este momento es tu tabula rasa, ¡tu pizarra en blanco! La parte más difícil ya ha pasado y paso a paso, con las estrategias de este capítulo, estarás en el buen camino hacia el autoempoderamiento. Crecerás tanto en fuerza como en confianza y, lo que es más importante, serás consciente de los sociópatas y no volverás a cometer los mismos errores. ¡Esto es refrescante en sí mismo!

Hay un área de la sociopatía que no he tratado y es el comportamiento narcisista. Esto es intencionado, ya que quería centrarme más en el comportamiento narcisista en el próximo capítulo.

CAPÍTULO 5: COMPRENDIENDO A LOS NARCISISTAS

Uno de los rasgos más notables de los sociópatas es el narcisismo.

Y también puede ser una de las cosas más chocantes y dolorosas con las que tenemos que lidiar cuando se trata de personas tóxicas. Ante los trastornos antisociales de la personalidad, debemos estar preparados para enfrentar caminos emocionales ascendentes y descendentes.

Al vivir con un narcisista, tienes que enfrentarte a la sensación constante de que nunca serás tan bueno o igual que esa persona. Una cosa es que necesitemos trabajar nuestra autoestima, y otra intentar comprender por qué esa persona te hace sentir peor.

La mejor solución es reconocer las características de un narcisista y alejarse de él antes de entablar cualquier tipo de relación significativa.

Si tienes un narcisista en tu vida, debes aprender a manejar las situaciones antes de que surjan y te causen más sufrimiento.

¿Qué es un narcisista?

Hablando con un amigo hace poco, me di cuenta de que la palabra narcisista suele malinterpretarse mucho. Hablaba del dolor de su ruptura y del distanciamiento de sus hijos al que ahora se enfrentaba. Su ex le había llamado narcisista. Me quedé desconcertado porque todo lo que veía era a un hombre roto que intentaba hacer lo mejor para sus hijos e incluso para su ex, todo lo contrario de un narcisista.

Esto me llevó a un artículo de *Los Angeles Times* de 2011 que invita a la reflexión. Hoy en día, usamos en exceso y mal el término narcisista. Es como el insulto al que recurre la gente, quizá porque les hace sentirse más poderosos.

A partir de los años 90, se comenzó a hacer más énfasis en la necesidad de buscar la propia felicidad, de ponerse a uno mismo en primer lugar y alcanzar nuestros objetivos. Y esto es realmente algo bueno. Pero el inconveniente es que entonces se tachaba de narcisista a quien mostraba más ambición de lo normal o a quien tenía una buena autoestima.

Aunque podría ser un recordatorio saludable para mantener las cosas en perspectiva, y no pisotear a los demás para llegar a donde uno quiere estar, en el caso de mi amigo, sólo fue algo hiriente. Esto crea un problema mucho más profundo cuando lanzamos una palabra sin comprender su verdadero significado, Y esto lleva a que la palabra narcisista tenga ahora poco significado.

Dicho de otro modo. Piensa en tu definición de la palabra "clásico". Pensamos en grupos clásicos como los Beatles, Queen, Abba, etc. Los clásicos se definen por el largo periodo de tiempo que permanecen con una calidad excelente. En cuanto la palabra clásico se convirtió en argot para decir impresionante o guay, le quitó parte de su verdadero significado. Lo mismo ha ocurrido con la palabra narcisista.

El origen de la palabra narcisismo procede de la mitología griega: Narciso se enamoró de su propio reflejo en un estanque de agua. Significa perseguir la satisfacción de tu propia admiración egoísta (Wikipedia). La definición actual no ha cambiado, pero se ha ampliado. El trastorno narcisista de la personalidad (TNP) es una afección en la que una persona se considera más importante que los demás, espera un trato especial y que los demás la consideren mejor. También hay una falta de empatía, un anhelo de perfección y querer lo mejor de todo. Puede parecer que un narcisista tiene toda la confianza del mundo, pero a menudo es sólo una fachada.

Con una autoestima frágil, cualquier tipo de crítica va a aumentar las dificultades que tienes al tratar con ellos. A pesar de las apariencias, los narcisistas se sienten increíblemente molestos cuando no reciben la atención que creen merecer. Debido a su falta de empatía, son incapaces de ver cómo te afectan ciertas cosas y, por tanto, no pueden comprender por qué no reciben su atención. Es más, si ven que otros reciben elogios o atención, pueden sentir envidia, lo que les lleva a la ira e incluso a la depresión.

Aunque puede que no veas este lado de ellos, los narcisistas pueden sentir mucha inseguridad y vergüenza. Esto, unido a problemas de ira, impaciencia y frustración, va a dificultar mucho las relaciones en casa y en el trabajo.

Al igual que los sociópatas, los narcisistas no pueden ver que están equivocados. Esto dificulta mucho el tratamiento, ya que no buscan ayuda activamente: ¡están por encima de esto! El trastorno narcisista de la personalidad requiere el tratamiento de un psicoterapeuta.

¿Qué causa el Trastorno Narcisista de la Personalidad?

La causa exacta del TNP, como la de muchos trastornos de la personalidad, aún no tiene una razón definida y, de nuevo, puede remontarse al debate naturaleza vs. crianza. Dicho esto, es más probable que sea una combinación de ambos factores.

Si nos fijamos primero en la naturaleza, ha habido estudios que sugieren que la genética desempeña un papel en el TNP. La heredabilidad es una métrica utilizada para medir la probabilidad de influencia genética en una persona, más que las influencias ambientales. Existe una probabilidad de moderada a alta de que el TNP sea heredable ("A Twin Study of Personality Disorders", 2000).

En lo que respecta a la estructura del cerebro, se ha relacionado un hipocampo y una amígdala más pequeños con el comportamiento antisocial observado en los narcisistas. Esto se debe al mal funcionamiento del modo en que interpretan la información recibida de sus sentidos. A diferencia de lo que hemos visto antes, el TNP no se ha relacionado con un traumatismo cerebral. En cambio, es más probable que el trastorno sea el resultado de un trauma ambiental en la infancia.

Los estilos parentales se consideran a menudo causas del TNP, y esto no se limita a los padres, sino a todos los cuidadores primarios. La TNP puede estar causada por cualquier estilo parental extremo. Un progenitor puede retirar completamente la atención, provocando desprendimientos emocionales. Ser demasiado indulgente o demasiado permisivo, o incluso demasiado estricto, también puede influir en el comportamiento de los hijos en su edad adulta. Otras contribuciones ambientales pueden ser el abuso (verbal, físico y/o sexual) y las expectativas poco realistas.

Más recientemente, también se ha demostrado que las influencias culturales aumentan la probabilidad o la gravedad del narcisismo. El TNP es más frecuente en las sociedades modernas que en las más tradicionales ("Modernidad y trastornos narcisistas de la personalidad", 2014).

Ten cuidado al intentar diagnosticar un TNP a personas menores de 18 años. Esto se debe a que es extremadamente difícil diagnosticar un trastorno de la personalidad cuando ésta aún se está desarrollando.

Quienes tienen hijos adolescentes pueden asentir con la cabeza al leer algunos de los síntomas y empezar a buscar culpables en sí mismos. Muchos adolescentes pasarán por fases que pueden incluir rasgos narcisistas, pero esto es sólo una parte de su desarrollo. Si te preocupa tu hijo, puedes buscar asesoramiento profesional.

¿Existen distintos tipos de narcisismo?

El narcisismo tiene su propio espectro, lo que significa que puede haber distintos tipos y distintos grados. Ten en cuenta que no existe un número oficial de tipos. Algunos son populares entre los profesionales y otros han sido investigados. Para tener una visión general del comportamiento narcisista, examinaremos los tipos más comunes de narcisistas.

1. Un narcisista sano

Todo el mundo tiene un poco de narcisismo. Es bueno celebrar nuestras victorias y sentirnos orgullosos de las cosas que hacemos bien. También es sano reconocer que mereces ciertas cosas, como el respeto y la felicidad. Para un diagnóstico oficial de TNP, las personas tienen que mostrar un mínimo del 55% de los rasgos más comunes.

2. El narcisista manifiesto

Esto es lo que muchos llamarían el narcisista clásico, la persona que está obsesionada consigo misma, carece de empatía y se cree superior a los que la rodean. Son ruidosos y necesitan ser el centro de atención. Respetan poco o nada los límites e intentarán romper poco a poco los que tú establezcas.

3. El narcisista encubierto

Un narcisista encubierto es lo contrario de un narcisista manifiesto. Este tipo también se conoce como narcisismo vulnerable, debido a su extrema sensibilidad. Viven para los elogios y se toman muy mal las críticas. Además de sentir envidia de los demás, también afirmarán que sus problemas y su tristeza son mucho mayores que los de los demás.

4. El narcisista maligno

Estas personas son simplemente desagradables y pueden ser agresivas o sádicas. Disfrutan viendo sufrir a los demás y son maestros de la manipulación para presenciar ese dolor. El narcisista maligno es muy difícil de tratar debido a su inteligencia, que dirige hacia la manipulación.

5. El narcisista psicópata

Aunque no son tan frecuentes, los narcisistas psicópatas son agresivos y violentos y no muestran remordimientos por sus actos. Normalmente, los asesinos en serie y en masa son narcisistas psicópatas.

6. El narcisista somático

El cuerpo físico tiene una importancia extrema para un narcisista somático. Puede que tengan que ser los más guapos o los más en forma, por lo que se centran en su peso y su aspecto. Aunque esto no suene tan mal, pondrán sus necesidades por encima de todas las demás para alcanzar su idea de perfección física.

7. *El narcisista cerebral*

Los narcisistas cerebrales son inteligentes, pero no es eso lo que les define. Sienten que es su inteligencia lo que les hace superiores a los demás y harán todo lo posible para que los demás se sientan estúpidos. Independientemente de que tengas razón o no, nunca ganarás un debate con ellos y probablemente sólo acabarás dudando de tu propio intelecto.

8. *El narcisista acosador*

El nombre te da una idea clara de lo que es un narcisista acosador. Tienen que ganar por cualquier medio. Se burlan socialmente de los demás, los menosprecian y, en general, hacen que la gente se sienta mal consigo misma. Un acosador "normal" lo hace para ascender en la escala social, mientras que un narcisista acosador tiene motivaciones personales.

9. *El narcisista sexual*

Los narcisistas sexuales también pueden mostrar rasgos de narcisismo somático y cerebral, pero esto se suma a la autoadmiración de sus capacidades sexuales. Necesitan oír lo buenos que son en la cama y están obsesionados con su rendimiento. La mayor parte de su manipulación está relacionada con el sexo y no es raro que sean infieles, una y otra vez.

10. *El narcisista bombardeador de amor*

El bombardeo amoroso parece increíble al principio. El bombardeo de afecto, palabras amables y regalos inesperados en los primeros días de una relación puede parecer incluso normal. Sin embargo, el bombardeo amoroso narcisista es una técnica manipuladora que se utiliza para enganchar a la persona a una relación comprometida antes de que se dé cuenta de que están jugando con ella.

11. El narcisista famoso

También se conoce como narcisismo situacional adquirido (NSA) y está relacionado con la adquisición de riqueza o fama. Debido a tanta atención, algunas personas pueden empezar a creerse más importantes de lo que son.

Cómo identificar al narcisista en tu vida

Ahora que hemos definido claramente qué es un narcisista y los distintos tipos, probablemente tendrás una buena idea de si estás tratando con uno o no.

Aun así, añadiremos algunas otras señales que merece la pena tener en cuenta:

- Sus interacciones iniciales fueron increíbles, pero las cosas se agriaron rápidamente.

- Dominan las conversaciones tanto en el tema como en la cantidad de habla.

- Reclaman cumplidos para alimentar su autoestima.

- Nunca sientes que tus emociones se escuchan o se tienen en cuenta.

- No tienen amistades duraderas.

- Te están haciendo gaslighting, haciéndote dudar de todo.

- Nunca recibes una disculpa ni ves ningún intento de compromiso.

- Si intentas separarte, se asustarán y luego se enfadarán.

- Te controlan constantemente.

- No asumen la responsabilidad de sus actos.

- Todo es bueno o malo.

- Proyectan su negatividad en ti: si no les apoyas, eres pesimista, etc.

- Su falta de empatía les dificulta trabajar con otras personas o como parte de un equipo.

Un consejo es que no empieces a imaginar cosas que en realidad no existen, aunque es un hábito que muchos tenemos. Si tu pareja se olvida de pagar una factura, ha tenido un momento de irresponsabilidad.

Esto no es suficiente para incluirlo en tu lista. Las señales tienen que ser algo que se vea con regularidad. Todos tenemos momentos en nuestra vida en los que algunas de estas señales también nos han sonado. Puede que numerosos temas te parezcan relevantes. Pero si algunos no lo son, no hay necesidad de ir buscando cuestiones que no están ahí.

¿Qué puedes hacer si hay un narcisista en tu vida?

Vamos a suponer que hay ciertas personas narcisistas en tu vida de las que no puedes liberarte. También vamos a suponer que no reconocen que tienen un problema, por lo que la ayuda profesional no va a ser una opción. El primer paso crucial al tratar con estas personas es centrarte en tus límites.

¿Por qué son tan importantes los límites cuando se trata con personas narcisistas?

Las conversaciones sobre cómo te hacen sentir las cosas van a caer en saco roto y, lamentablemente, no harán más que malgastar tu energía. Los límites eliminan la necesidad de explicaciones emocionales. Son normas que todos deben cumplir y, si no, hay consecuencias.

Para crear tus límites, imagina que dibujas un gran círculo a tu alrededor. Piensa en todas las situaciones en las que tienes dificultades. Toma una situación y decide hasta qué punto puedes acercarte a la línea y seguir sintiéndote cómodo. ¿Qué es lo que te lleva más allá de la línea?

Por ejemplo, tu pareja te critica en público. Puede que te parezca bien delante de buenos amigos y de la familia, pero en absoluto en grandes situaciones sociales o con tus compañeros de trabajo. También podrías sentir que no toleras ninguna forma de crítica delante de los demás. Nadie puede crear tus límites por ti, es algo personal.

Sabemos perfectamente que un narcisista va a traspasar tus límites, independientemente de lo bien que los expreses. Esto significa que es esencial que tengas consecuencias para cuando traspasen un límite. Utilizando el mismo ejemplo, podrías optar por alejarte de la situación en cuanto te critiquen. Decidas lo que decidas, tienes que estar seguro al 100% de que lo vas a cumplir.

Comunicar tu límite debe ser breve y sencillo: "No toleraré más que me critiques delante de los demás. La próxima vez que ocurra, me iré". ¡Y punto! No sientas que tienes que justificar tu límite. Lo mejor es cambiar de tema para que no tengan oportunidad de manipularte.

Una vez que empieces a poner en práctica tus límites y consecuencias, notarás que se rompen ciertos ciclos y éste es un gran punto de partida. Empezarás a notar que tu confianza mejora a medida que sepas que puedes hacerlo. Aquí tienes otros consejos para tratar con un narcisista.

Intenta no dejarte arrastrar por sus juegos emocionales. Ahora estarás al tanto de los juegos que intentan jugar y te darás cuenta de cuándo te están manipulando.

Por desgracia, tu reacción te proporcionará más munición y lo mejor que puedes hacer es dar un gran paso atrás. La próxima vez que pienses que el narcisista de tu vida sólo ha dicho algo para obtener una reacción tuya, di "Bien". Así no tendrán nada que volver contra ti.

Elige bien tus batallas. Si la situación lo requiere, di "Bien". Sin embargo, si crees que su comportamiento traspasa una línea o un límite, debes hablar claro. Siempre es mejor hacerlo con calma. No debes dejar que vean tu dolor. Digan lo que digan, no sientas culpa, vergüenza ni remordimientos.

Sabes que puedes admitir cuando has cometido un error y disculparte. No permitas que la gente proyecte sus sentimientos en ti y te haga dudar de ti mismo. Sólo eres responsable de tus propias emociones y de tus actos.

Reduce tus expectativas. Incluso después de tanto dolor, es probable que haya una parte de ti que aún tenga la esperanza de que algún día, la moneda caerá. Es hora de rebajar esas expectativas como forma de autoprotección. Deja de esperar que empaticen con tu situación y deja de esperar esa conversación significativa.

Evita sacar a relucir el pasado. Como has aprendido sobre la aceptación, esto debería ser más fácil. Lo que ocurrió en el pasado debe quedarse ahí. En el pasado, no estabas informado sobre cómo tratar con un narcisista, por lo que no tiene mucho sentido sacar a colación lo que ocurrió hace meses o años. Ahora que estás más informado, es mejor que centres tus esfuerzos en el presente.

Busca la ayuda que necesites. Si sientes que estás pasando por cosas que no puedes afrontar, busca ayuda. Tu red de apoyo es crucial para avanzar de forma sana y positiva. Puede que tengas amigos o un familiar cercano con quien puedas hablar, o puede que prefieras un terapeuta.

No sientas que tienes que sufrir solo. Como hemos visto, los trastornos de la personalidad son mucho más frecuentes de lo que pensamos y ahora hay ayuda disponible.

¿Qué ocurre cuando lo has intentado todo?

Sin importar cuál sea el género, para una persona típica, terminar cualquier relación va a ser duro. Aunque su amor por ti no fuera real, tu amor por ellos sí lo era. Incluso cuando se toca fondo, hay una pequeña parte de tu mente y de tu corazón que piensa que las cosas pueden ser diferentes. El otro miedo que podemos tener es que no queremos arriesgarnos a tirar por la borda lo que conocemos, sólo para que vuelva a ocurrir lo mismo.

Parece que sólo estamos hablando de parejas románticas, pero esto se aplica a todas las relaciones. No puedes sustituir a tus padres, pero puedes encontrar relaciones satisfactorias que te llenen de amor y te permitan amar.

El primer paso para liberarte de un narcisista es estar absolutamente seguro de que estás preparado para dar el paso. Un error frecuente es el patrón "romper-volver a hacer", que también se observa en las relaciones no románticas. Crees que has tomado una decisión, luego vuelves atrás, luego rompes de nuevo. Normalmente, esto sólo prolonga el sufrimiento y con un narcisista, definitivamente lo hará, porque no cambiará. Estar absolutamente seguro de tu decisión te impedirá volver atrás.

A continuación, tienes que pensar en la logística. Si se trata de una pareja, tienes que planificar la vivienda y otros aspectos prácticos. Si es un amigo, ¿vas a tener que verle cuando te reúnas con amigos comunes o puedes evitarle por completo? ¿A qué acontecimientos familiares tienen que asistir juntos, si los hay? ¿Hay alguna forma de distanciarte completamente de tu compañero de trabajo narcisista? Siempre que sea posible, lo mejor es cortar por lo sano. Si esto no es una opción, el contacto debe limitarse a lo inevitable. Crea una nueva lista de objetivos y cosas que quieres conseguir; algunas ideas son:

- Empezar una nueva afición
- Leer un libro concreto
- Desordenar tus pertenencias
- Probar nuevos eventos sociales
- Aprender una nueva habilidad
- Estudiar un curso online
- Hacer más ejercicio
- Viajes
- Hacerte nuevo corte de pelo/vestido
- Avanzar en tu carrera

Esta lista te ayudará a centrarte y te recordará por qué rompiste con esa persona. Debería estar llena de todas las cosas que has querido hacer, pero no has podido.

Prepara lo que quieres decir. Estar preparado te ayudará a sentirte seguro de ti mismo. No necesitas un discurso largo. Hazles saber que crees que la relación ya no es sana y que vas a seguir adelante. No hace falta que expliques tu decisión. Recuerda que cuanto más hables, más munición les darás.

Permítete algo de tiempo para llorar el final de tu relación. Es un proceso que hay que superar de la forma adecuada. No esperes levantarte al día siguiente y sentir que la vida es mejor. Al mismo tiempo, es importante no estancarse en este periodo, por lo que debes tener a mano tu lista y empezar a marcar algunos de tus nuevos objetivos.

Ahora que estás libre del narcisista, puedes empezar a reconectar con esas personas con las que no has podido pasar tiempo. Irónicamente, si son tus padres los que han sido narcisistas, puede que ahora seas capaz de reavivar un antiguo romance. Piensa en amigos del colegio o de la universidad a los que no hayas visto y acércate a ellos. Estas personas, así como tus relaciones actuales, actuarán como tu red de apoyo, sobre todo mientras te fortaleces y te recuperas.

Un ejercicio que me ayudó mucho fue escribir una lista de todas las cosas negativas de mis personas narcisistas. Era bastante extensa, pero me aseguré de sacarlo todo de mi mente y ponerlo sobre el papel. Luego, hice todo lo posible por eliminar los recordatorios de ellos: fotos, regalos, etc. Tomé una bolsa, lo metí todo dentro y, por último, añadí la lista y lo tiré todo. Esto me proporcionó una gran sensación de cierre.

Busca las cosas positivas de tu vida. Te llevará un tiempo reeducar tu cerebro, ya que has vivido en un pantano de negatividad durante mucho tiempo. La verdad es que, si quieres y realmente buscas, descubrirás que hay muchas cosas en tu vida que en realidad son bastante buenas. Si descubres que realmente no puedes ver lo bueno, quizá necesites algo de terapia, sólo para darte un pequeño empujón en la dirección correcta.

Cómo evitar a los narcisistas en el futuro

Sin tener la culpa, es fácil caer en el mismo comportamiento al que estamos acostumbrados. Por eso, tienes que darte tiempo antes de lanzarte a nuevas relaciones, sean del tipo que sean. Asegúrate de que te das tiempo suficiente para descubrir quién eres realmente y qué quieres tanto de la vida como de tus relaciones. La Dra. Ramani, psicóloga clínica licenciada, llama a esto una inmersión profunda. Echa la vista atrás a lo que ha ocurrido, saca lo que puedas de las relaciones, utilízalas para aprender más sobre ti mismo, de modo que sepas que no debes dejar que vuelva a ocurrir lo mismo en el futuro.

La Dra. Ramani también explica cómo almacenamos los traumas en nuestro cuerpo. La mente lo irá soltando poco a poco, pero hay una muy buena razón por la que debemos tener fe en nuestras reacciones viscerales y en esos pelos que se erizan cuando sabemos que algo va mal. Llegará un momento en que conocerás a nuevos amigos, colegas y compañeros. Es un error poner tus defensas y suponer que te van a tratar de la misma manera. No estás siendo justo ni dándoles una oportunidad adecuada. Empieza cada nueva relación como una pizarra en blanco, pero, si sientes que algo te suena y que ya has pasado por ese camino antes, sal de él. Querrás darle un golpe en la cabeza lo antes posible para protegerte de las mismas experiencias dolorosas de las que tanto te costó separarte.

Hasta ahora, hemos examinado dos de los tipos de personas más tóxicas. Eso no quiere decir que no haya muchos otros tipos de personalidad y comportamientos que no debamos soportar en nuestras vidas. En el próximo capítulo, hablaremos de otros tipos de personas tóxicas que consiguen poner nuestra vida patas arriba.

CAPÍTULO 6: NO TODAS LAS PERSONAS QUE TIENEN COMPORTAMIENTOS TÓXICOS SON NARCISISTAS O SOCIÓPATAS

Por suerte, no todo el mundo va a tener un narcisista o un sociópata en su vida. Aunque, esto no quiere decir que no tengan que enfrentarse a comportamientos tóxicos. Hasta ahora, hemos examinado a las personas extremadamente tóxicas. Por desgracia, hay muchas otras formas en que una persona puede ser tóxica, hasta el punto de que podemos caer en la trampa de intentar moldear nuestra vida en torno a ellas. Sólo porque alguien no abuse físicamente de ti, ¡no significa que su comportamiento esté bien!

¿Qué significa ser tóxico? No se puede negar que todos podemos tener momentos en los que somos tóxicos, eso nos incluye a ti y a mí. Es necesario comprender qué aspecto tiene la toxicidad y dónde trazamos la línea entre tener un momento tóxico y ser una persona tóxica.

Qué constituye un comportamiento tóxico

En primer lugar, hay que destacar que la persona de tu vida puede no ser tóxica y que sólo se trate de su comportamiento.

Por otra parte, algunas personas tienen un impacto tan abrumadoramente negativo en ti que las llamarías personas tóxicas.

El comportamiento tóxico es cualquier tipo de comportamiento, palabras o acciones que causan conflicto en tu vida y te molestan. Según esta definición, es fácil ver cómo todo el mundo puede mostrar un comportamiento tóxico. La semana pasada le causé a un amigo una enorme tensión y reconozco que herí sus sentimientos. Esto es un comportamiento tóxico. No fue intencionado, me disculpé y seguimos adelante, sin embargo, fui la causa de su dolor.

La principal diferencia es que yo fui capaz de reconocer mis actos y enmendarlos, que es lo que la mayoría de los adultos son capaces de hacer. Los que muestran un comportamiento tóxico más grave rara vez se disculparán. A partir de ahora, nos referiremos a ellos como personas tóxicas en lugar de personas con un comportamiento tóxico. No quiero que empieces a sentirte culpable y preocupado porque hayas molestado a la gente: ¡no eres una persona tóxica!

Las personas tóxicas pueden ser manipuladoras y su comportamiento a menudo te confundirá porque carece de coherencia. Un minuto estarán felices, y al siguiente pueden estar clamando atención porque su vida es terrible. No sólo te sientes incómodo con estas personas, sino que tampoco te sientes bien contigo mismo cuando estás cerca de ellas.

Las personas tóxicas viven para el drama y, si no encuentran drama, lo crearán. Una de las formas que tienen de crear drama es sobrepasar los límites.

El abuso de sustancias puede ser un problema para las personas tóxicas. Esto no significa que todas las personas que toman drogas o beben sean tóxicas. Pero cuando su comportamiento empieza a repercutir negativamente en tu vida, también se convierte en tu problema.

A diferencia de los narcisistas y los sociópatas, la toxicidad no está clasificada como trastorno mental o trastorno de la personalidad. Eso no quiere decir que la persona tóxica no tenga problemas de salud mental subyacentes que causen su comportamiento.

¿Cuál es la diferencia entre un mal día y un comportamiento tóxico?

Para comprender la delgada línea, veremos algunos ejemplos de historias de la vida real que la gente ha compartido conmigo y luego desglosaremos exactamente en qué punto el comportamiento de un mal día se volvió tóxico.

Michelle, como muchos de nosotros, tuvo los habituales altibajos en su vida. Tuvo algunos problemas de salud que, por desgracia, provocaron la ruptura de su relación. Al mismo tiempo, también era una luchadora y consiguió un aumento de sueldo y un ascenso en el trabajo. Cada vez que Michelle se sentía mal, su amiga estaba allí. Iba con ella a las citas con el médico, la ayudaba a recoger las cosas de su novio.

Pero, cuando Michelle consiguió su ascenso e invitó a su amiga a salir para celebrarlo, ésta no contestaba a sus llamadas ni respondía a los mensajes. Cuando por fin se puso en contacto con su amiga, las palabras fueron "¿No es estupendo?", con cierto tono que no era de felicidad. Dos segundos después, su amiga estaba cotilleando sobre otra persona.

La siguiente vez que Michelle invitó a su amiga a cenar porque quería hablar de un hombre nuevo que había conocido, su amiga dijo sarcásticamente "¿Tan pronto?" y rechazó la invitación. Michelle no se sentía capaz de decir nada porque su amiga se había portado muy bien las veces que la había necesitado.

Cuando compartimos las buenas noticias con un amigo y éste no se apresura a compartir nuestra alegría, puede que esté pasando por sus propios problemas y se sienta realmente distraído. Sin embargo, la amiga de Michelle cruzó la línea al restar importancia a cada ocasión feliz de Michelle. Aunque no ignoró por completo las razones de Michelle para celebrarlo, respondió de forma tóxica. El sarcasmo es como la sal, la cantidad adecuada torna un plato excelente, pero si pones demasiada se estropea. Este comportamiento se volvió tóxico en cuanto la amiga de Michelle sólo pudo sacar provecho de la relación en tiempos de crisis. Una amistad sana es aquella en la que apoyan mutuamente, en lo bueno y en lo malo.

Paul y Carmen trabajaban a jornada completa. El trabajo de Paul era físico y el de Carmen mental, pero ambos eran agotadores. Como la mayoría de las parejas, también tenían las responsabilidades de la casa y de su hijo pequeño.

Carmen trabajaba en casa, y cuando Paul volvía cada día a las 3.30, se sentaba, dormía una breve siesta y luego se iba a hacer sus aficiones. Un día que el pequeño se puso enfermo, Carmen perdió la paciencia y provocó una discusión porque cuidar del niño enfermo le implicaba retrasarse en el trabajo. Cuando se calmó, le pidió perdón y le explicó que necesitaba que él pusiera de su parte y asumiera más responsabilidad en lo que era igualmente suyo. Paul no aceptó esta disculpa.

En cambio, lo exageraba todo con frases como "Siempre estás regañando" y "Nunca me dejas hacer mis aficiones". Juzgaba regularmente a Carmen por cómo pasaba el día y le sugería que si gestionara mejor su tiempo, no estaría tan celosa de que él tuviera una vida. Independientemente de cómo explicara

Carmen el problema, Paul siempre tenía una respuesta que la hacía cuestionarse si tenía razón o no.

Desde fuera es fácil ver que se trata de una relación tóxica. Es más difícil cuando estás realmente en una. Carmen tuvo un mal día, se enfadó y gritó. No era la mejor manera de comportarse, pero de vez en cuando todos lo hacemos.

Paul, en cambio, se antepone a sí mismo y a sus necesidades a las de su familia. No asume su responsabilidad y la relación está desequilibrada. En lugar de apoyarla, la juzga. Carmen no le debe nada a Paul. No tiene que ocuparse de él además de lo que ya tiene que hacer. Hay que satisfacer las necesidades de ambos miembros de la pareja.

La hermana de James es una completa obsesa del control. Todo en su vida está estructurado y ordenado como a ella le gusta. Hay listas por montones, las rutinas no se pueden romper y las normas son para obedecerlas. Cuando viene al piso de James, cambia una silla de sitio porque queda mejor. Llevará un ambientador porque huele mejor y reordenará los libros por orden de altura. Y tiene razón en todo.

Si intentas discrepar o mostrarle un punto de vista diferente, te tratará como si fueras un niño sin experiencia en la materia. Ella hace los planes de los acontecimientos familiares y nadie puede decir que no, ni siquiera hacer una sugerencia. James se encuentra a menudo en una situación en la que tiene que elegir el menor de dos males para asegurarse de que su hermana se quede tranquila y sus padres no se vean arrastrados a las discusiones.

Lo que haga la hermana de James en su propia casa es cosa suya. Para ser justos, todos tenemos nuestras pequeñas manías que no podemos o no queremos cambiar. Confieso que a mí también me gustan los libros en orden de altura. Su comportamiento se vuelve tóxico cuando intenta controlar la vida de James. Puede que a él le parezca bien que ella vaya a su casa y la trate igual que a su propia casa, ése podría ser el límite de sus límites. Pero ella cruza la línea cuando a James no se le permite tener pensamientos, sentimientos y opiniones propios. Éste es un derecho humano que todos deberíamos tener.

Hannah tiene un compañero con el que, en general, es fácil trabajar. Colaboran bien juntos y, aunque son amables, sigue habiendo cierto grado de profesionalidad. Al colega de Hannah, Jamie, le gusta ser el centro de atención y a menudo tiene una historia para entretener a la oficina.

Un día, Hannah se dio cuenta de que Jamie decía que había vivido un año en Sydney, pero la última vez que lo había oído era en Melbourne. Cuando Hannah le interrogó, él respondió: "Sí, eso era antes", y ella no pensó nada más. Con el tiempo, se dio cuenta de que se estaba desarrollando un patrón, y cada vez se contaban más mentiras. Al principio, eran mentiras piadosas e inofensivas, y el único daño real que causaban era la incapacidad de confiar en él.

Pero entonces, las mentiras empezaron a colarse en cosas relacionadas con el trabajo. Mentía sobre la finalización de un informe o le decía al jefe que le había pedido a Hannah que hiciera algo cuando no era así. Cuando mintió a un cliente y, posteriormente, la empresa perdió al cliente, todo el equipo se resintió.

La confianza es una parte crucial de cualquier relación. Sin ella, no tenemos cimientos sobre los que construir. Si un colega cuenta mentiras sobre su vida personal, puede que la relación profesional no se resienta. Pero, en cuanto Paul empezó a contar mentiras a sus colegas y sobre ellos, su comportamiento pasó de apoyable a tóxico. Esto se debe a que sus acciones crearon negatividad no sólo para Hannah, sino también para los demás que tenían en que trabajar con él. Además de que Hannah no podía confiar en él, sus mentiras sembraron la duda sobre en quién se podía confiar en la oficina.

El punto principal aquí es que cuando observas estas situaciones y asientes con la cabeza, es bastante obvio que el comportamiento es tóxico y posiblemente incluso las personas. Entonces, ¿por qué es tan difícil detectar el comportamiento tóxico en nuestras propias vidas? Sencillamente, porque el amor es ciego, incluso ante el comportamiento tóxico.

¿Qué puedes hacer cuando el amor está causando ceguera a la toxicidad?

Para las personas más cercanas a nosotros -nuestra pareja de toda la vida, nuestros mejores amigos, nuestros padres y hermanos- no siempre es tan fácil. En muchos casos, hemos tenido a estas personas en nuestras vidas durante tanto tiempo que aceptamos que son así. En otros casos, nuestro amor es tan ciego que ni siquiera lo vemos.

Uno de los mayores problemas del comportamiento tóxico en las personas más cercanas a nosotros es que puede aparecer de forma muy gradual y sutil. Por ejemplo, en tu familia. Creces con tus padres, que pueden ser tóxicos, pero no es hasta que eres adulto cuando te das cuenta de hasta qué punto te afectaron sus acciones. Tu hermano probablemente era tu mejor amigo, pero cuando ambos se separaron y empezaron a moldear sus propias vidas, puede que él se haya visto envuelto en un círculo de personas tóxicas, y eso se le pegó. Poco a poco, empiezas a notar cambios en ellos, y eso repercute más en su relación.

Con los amigos, puedes notar pequeñas cosas que te molestan y que desearías poder cambiar. No es hasta que están juntos en una situación seriamente mala cuando ves lo profunda que es su toxicidad.

Veamos tres relaciones concretas y cómo puedes detectar los signos más sutiles de comportamiento tóxico. Recuerda que algunos puntos pueden aplicarse a todas tus relaciones más cercanas.

Cómo detectar el comportamiento tóxico sutil de tu familia:

• Caminas constantemente sobre cáscaras de huevo a su alrededor

• Hay muchos argumentos y los hacen personales

• No aceptan tus preferencias sexuales

• No aceptan tu elección de pareja

• No respetan tus opiniones o creencias

• Te dicen cómo educar a tus hijos

• Sientes que haces las cosas sólo por su aprobación

• Tu familia te decepciona con frecuencia

• Son violentos contigo

• Son controladores, esperan que hagas lo que hace el resto de la familia

Formas de saber si tus amigos son tóxicos:

• Cancelan constantemente los planes o no se presentan

• Empiezas a temer las ocasiones sociales con ellos

• Estás triste, disgustado, estresado o agotado después de las ocasiones sociales con ellos

- Beben demasiado y se vuelven agresivos o te insultan
- Te hacen sentir culpable por hacer lo que quieres hacer
- Cotillean sobre ti
- Publican cosas negativas sobre ti en las redes sociales
- Nunca te agradecen las cosas que haces por ellos
- Sientes que te acosan
- No respetan tu espacio personal

Cuando el amor te impide ver el comportamiento tóxico de tu pareja:

- No puedes comunicarte sin discutir, ser amargo o sarcástico
- Falta apoyo
- Empiezas a sentir celos y resentimiento
- Tu pareja toma decisiones financieras importantes sin hablar antes contigo
- Has perdido otras relaciones importantes por miedo a disgustar a tu pareja
- Has dejado de cuidar de ti mismo, de tu salud mental y física
- No tienes tiempo para tus aficiones
- En tu mente, sigues diciéndote que es una fase y que las cosas cambiarán
- Te encuentras diciendo mentiras para no tener que pasar más tiempo con ellos
- Te ridiculizan delante de amigos y familiares

- No hay equilibrio ni igualdad, una comprensión compartida de quién hace qué

Lo más peligroso del comportamiento tóxico sutil es que es contagioso. Las personas tóxicas suelen decir mentiras, pero luego te encuentras a ti mismo diciendo mentiras para evitar la confrontación. ¿Cuántas veces has visto que el acoso en Internet se venga con más acoso?

Incluso con un comportamiento tóxico sutil, sólo puedes responsabilizarte de tus propias acciones y emociones. Y aunque suene duro, tienes que aprender a dejar de ponerte en situaciones en las que los más cercanos a ti puedan seguir causándote dolor.

Pasos sencillos que puedes dar para evitar que tus seres queridos ejerzan su comportamiento tóxico sobre ti

Después de quitarte las anteojeras y ver las cosas como realmente son, ya estás preparado para empezar a dar pequeños pasos para ver los cambios necesarios.

Nos gusta empezar con los pasos más pequeños porque así ganas confianza, y saber que puedes hacerlo hace que sea más fácil enfrentarse a situaciones más difíciles.

1. *Olvida lo que ocurrió en el pasado*

No es tan sencillo como "perdonar y olvidar", porque el dolor que causan las personas permanece con nosotros. Si tu pareja te es infiel, no puedes dejarlo en el pasado y volver a confiar.

Cuando hablamos de dejar las cosas en el pasado, se trata de no traer las acciones pasadas a las conversaciones presentes. No será productivo y es más probable que provoque que la conversación se torne más complicada. Es importante fijarse en lo que ocurre en el presente y en los cambios que quieres ver.

2. Llega al fondo de sus problemas

Puede que ni siquiera sean conscientes de su comportamiento tóxico o de hasta qué punto está dañando la relación. Su comportamiento tendrá su origen en alguna causa. Asegúrate de que sepan que no estás excusando la forma en que te tratan, pero ser comprensivo y ayudarles a resolver sus problemas puede reducir la toxicidad y también fortalecer la relación. Por supuesto, si no están dispuestos a aceptar los problemas, te costará ver los cambios que necesitas.

3. Céntrate en la responsabilidad en lugar de culpar

A la gente le cuesta admitir que ha cometido un error o que ha hecho algo mal. A veces confundimos ser responsables con admitir nuestros fallos y debilidades. Es más fácil destacar los fallos de los demás y culparles. Aunque estés trabajando para evitar el comportamiento tóxico de la otra persona, es una buena práctica asumir tu parte de culpa en esos malos días que se convierten en actos tóxicos. Es un poco como si les estuvieras enseñando que está bien ser responsable y cómo pedir perdón cuando es necesario. No obstante, nunca te disculpes por cosas que no son culpa tuya, y no permitas que te manipulen para que pidas perdón.

4. Di no a los comportamientos tóxicos

Sé que no quieres agitar el barco e incluso puede que temas la respuesta que recibas, pero ahora es el mejor momento para poner fin a que te traten como a un felpudo. No mereces que te traten con nada que no sea amor y respeto. Cuando te traten de un modo que te haga sufrir, recrimínales su comportamiento y diles que no está bien. Elige el mejor momento para hacerlo. Debes asegurarte de que estás emocionalmente tranquilo y, si te preocupa que la otra persona se abalance sobre ti, hazlo en un lugar público o con gente a tu alrededor en la que puedas confiar.

5. Establece límites

Los límites son esenciales para tratar con todas las personas tóxicas. Es otra forma de hacer saber a la gente que hay ciertas cosas que no tolerarás, pase lo que pase. Cuando hayas decidido cuáles son tus límites, tienes que asegurarte de que se comunican con claridad y, como a las personas tóxicas les encanta traspasar los límites, tendrás que repetirlo una y otra vez y demostrar que hablas en serio ateniéndote a las consecuencias de la trasgresión de los límites. En cuanto no refuerces un límite, la persona tóxica encontrará la forma de volver a los viejos hábitos.

6. Cuídate

Si sientes que te has estado poniendo en segundo lugar, ahora también es el momento de cambiar esto. Los demás seguirán desatendiendo tus necesidades y anteponiendo las suyas a las tuyas hasta que les recuerdes que tu bienestar es igual de importante. Cuídate tomándote tiempo para hacer las cosas que te apetecen, ya sea hacer ejercicio, ir al cine o ir a un restaurante determinado. No esperes a que tu ser querido acepte acompañarte. Hay algo increíblemente fortalecedor en hacer estas cosas solo: ¡no es lo mismo que estar solo!

7. Deja pasar un tiempo para ver los cambios

Mientras ambos trabajen activamente para mejorar, se producirán los cambios adecuados, pero no será de la noche a la mañana. Están para cambiar un comportamiento que está bien establecido, posiblemente durante años. Es como aprender a conducir por la derecha y, de repente, tener que hacerlo por la izquierda. Cada día es más fácil, pero puede que haya pequeños contratiempos por el camino. Recuerda que tienes que ver los cambios y no sólo oír que se producirán.

8. Decide el nivel de contacto que te satisface

En general, puedes decidir uno de los tres niveles de contacto. Puedes apartarte de las situaciones en las que la persona muestre un comportamiento tóxico. Por ejemplo, si tu mejor amigo se vuelve tóxico tras beber demasiado, puedes negarte a salir con él. Puedes decidir que lo mejor es un contacto mínimo. Así, sólo verías a los miembros de tu familia en ocasiones grupales, bodas y funerales, etc. O puedes optar por no tener ningún contacto. Obviamente, esto será lo más difícil debido a lo estrecha que es la relación.

A veces, si el contacto mínimo te sigue molestando demasiado, puedes establecer un periodo de tiempo sin contacto. Puede ser un mes, unos meses o incluso un año. Durante este tiempo, puedes analizar si tu vida es mejor o peor sin ellos en ella. Después, te corresponde a ti decidir si quieres retomar el contacto y si la persona ha hecho algún cambio significativo durante el periodo sin contacto.

Para poner en práctica estas estrategias, tomemos los mismos ejemplos que vimos con Michelle, Carmen, James y Hannah y veamos cómo podrían haber ido las cosas si hubieran sabido cómo manejar el comportamiento tóxico.

Michelle y el amigo que busca drama

Las personas que buscan el drama a menudo lo hacen porque buscan una distracción de su propia realidad. Nuestros propios problemas son a menudo tan difíciles de resolver que podemos sentirnos impotentes. Pero cuando vemos a otras personas sumidas en la confusión, es más fácil ver la solución. A menudo, los buscadores de drama lo hacen porque no pueden encontrar soluciones a sus propios problemas. Estar presentes durante el drama de otras personas les mantiene ocupados y sienten que participan en una solución.

En este caso, la persona amada sólo está ahí cuando tú tienes problemas. Tienes que tomarte tiempo para dejar a un lado tus problemas (temporalmente) para poder intentar ayudar a esta persona a resolver lo que le molesta. Teniendo en cuenta la prevalencia de la toxicidad, puede que estén intentando lidiar con sus propias personas tóxicas.

La mejor opción de Michelle habría sido centrar la atención en su amiga y permitirle que se sincerara sobre lo que le preocupa. Incluso las palabras tóxicas que salieron como sarcasmo podrían haberse debido a los problemas personales de su amiga.

Esto es lo que se conoce como extender una rama de olivo. Estás dando a la persona amada la oportunidad de explicar su comportamiento, lo que puede ser la ocasión de que se dé cuenta de que se equivoca. Si no se sincera sobre lo que le molesta o te dice que no pasa nada, tienes que hacerle saber que sus acciones y palabras te han herido y que, en el futuro, esperas disfrutar tanto de los buenos como de los malos momentos con tu amigo.

Carmen y el compañero necesitado

Aunque enfadarse no era la mejor solución, no es la raíz del problema. Carmen y Paul tienen problemas de comunicación y la situación ha empeorado tanto que Paul se ha vuelto tóxico y Carmen está adoptando poco a poco un comportamiento más tóxico. Para romper el ciclo, Paul y Carmen necesitan mantener una conversación abierta. Es mejor hacerlo cuando ninguno de los dos esté cansado y haya alguien que cuide de su hijo pequeño para que no se distraigan.

La conversación debe centrarse en frases "Yo" en lugar de "Tú". Las frases que empiezan por "Yo" mantienen la atención en tus sentimientos. Las frases que empiezan con "Tú" pueden sonar a culpa. Fíjate en la diferencia entre "Me siento herido cuando no haces tu parte", comparado con "Tú nunca haces tu parte y eso me daña". La conversación debe incluir también un plan para que el hogar funcione de forma más igualitaria. Carmen también necesita dedicarse algo de tiempo a sí misma para que Paul no pueda acusarla de estar celoso. Por último, Carmen tendrá que ser paciente y deberán celebrar juntos sus victorias.

James y la hermana controladora

Una de las causas más comunes del comportamiento controlador es el trastorno de ansiedad. Conocemos la sensación de un mundo loco en el que nada parece estar bajo nuestro control: es estresante, pero para algunos se convierte en demasiado y encuentran la paz controlando todo lo que pueden. James puede intentar ser más comprensivo con sus sentimientos y quizá animarla a buscar ayuda profesional para sus problemas.

Si su hermana se niega, tendrá que establecer límites firmes y hacer saber a su hermana lo que ocurrirá si se pasa de la raya. James también tendrá que decidir un nivel adecuado de contacto para protegerse si su hermana no puede cambiar.

Hannah y el colega mentiroso

Hay muchas razones por las que la gente miente. Puede ser para evitar la vergüenza, para proteger a otra persona de un daño o para sentirse mejor consigo misma. Como hemos dicho antes, hay una delgada línea entre una mentira piadosa sobre tus experiencias y una mentira en toda regla. En el momento en que el colega de Hannah cruzó esa línea, Hannah debería haberle llamado la atención para que fuera consciente de que en el lugar de trabajo no se toleran las mentiras.

Otra cosa muy importante, sobre todo en un lugar de trabajo, es documentarlo todo. Cada mensaje, correo electrónico y mentira debe guardarse en un archivo. Puede sonar dramático, pero si existe algún riesgo para tu puesto o tu carrera, RRHH debe tener una copia del expediente. Es una buena idea animar a otros compañeros a hacer lo mismo para que una manzana podrida no estropee todo el cesto.

La gama de niveles de toxicidad es enorme. Los comportamientos tóxicos pueden ser pequeñas cosas sin importancia que realmente te afectan, o pueden ser grandes cosas que empiezan a apoderarse de tu vida. La situación de nadie va a ser exactamente igual y cada uno de nosotros tiene su propia personalidad. Por esta razón, no existe una solución única para el comportamiento tóxico.

Este capítulo ha proporcionado algunas de las soluciones más eficaces para ayudar a superar estos problemas con las personas más cercanas a ti. Una vez más, no he hablado a propósito de la manipulación. Todo comportamiento tóxico procede de la manipulación. Dedicaremos el próximo capítulo a la prevalencia de la manipulación en el mundo actual, así como a profundizar en la oscura psicología que se esconde tras ella.

CAPÍTULO 7: LA MANIPULACIÓN: EL JEFE DE LA PSICOLOGÍA OSCURA

"Hasta que no te des cuenta de lo fácil que es manipular tu mente, seguirás siendo una marioneta en manos de otra persona".

— EVITA OCHEL

Hace años me sentía como un idiota, ya que una y otra vez me encontraba pensando: " Bueno, me la han vuelto a jugar". Era absolutamente incapaz de ver cuándo me manipulaban y definitivamente no podía anticiparlo

El comportamiento tóxico y la manipulación son como dos mejores amigos que caminan juntos por la calle. Rebotan el uno contra el otro, se alimentan mutuamente y te acechan sin que te des cuenta.

Es perfectamente normal que no nos demos cuenta cuando nos manipulan, sobre todo porque nadie quiere pensar que nuestros amigos y familiares son capaces de tales técnicas.

¿Qué es la manipulación?

"La manipulación es el acto de controlar a alguien o algo en beneficio propio, a menudo de forma injusta o deshonesta" (Diccionario de Cambridge, 2021). Cuando hablamos de controlar a las personas, puede tratarse de sus emociones, percepciones, comportamiento y/o relaciones.

¿Recuerdas que mencionamos que tenemos la costumbre de decir que estamos bien cuando nos preguntan cómo estamos? En realidad, esto también es una forma de manipulación, porque estamos controlando cómo nos ve la gente. En lugar de vernos tristes, enfadados o deprimidos, nos ven bien. La mayoría de nosotros lo hacemos, así que no hay por qué preocuparse de que seas un manipulador crónico. Se trata de una reacción normal que no está pensada para intentar ganar personalmente, sino para evitar que los demás se preocupen.

Algunos ejemplos de manipulación son

- Mentir u ocultar información
- Amenazar o insinuar amenazas
- Aislar a las personas de sus seres queridos
- Agresión pasiva
- Abuso verbal
- Acoso intelectual
- Gaslighting
- Utilizar el sexo para conseguir lo que se quiere
- Crear un desequilibrio de poder

- Sorpresas negativas que te pillen desprevenido
- La conducta de ignorar a alguien
- Hacerse la víctima

Los motivos del comportamiento manipulador de la gente pueden ser inconscientes, pero también pueden llegar al otro extremo y ser completamente malintencionados e intencionados. Las víctimas pueden quedar exhaustas tanto física como mentalmente al intentar complacer a estas personas. Pueden empezar a sufrir ansiedad o depresión. No sólo pueden empezar a mentir sobre sus propias emociones, sino que también puede empezar a resultarles muy difícil desarrollar relaciones de confianza.

El manipulador también puede tener sus propios problemas de salud mental que estén causando este comportamiento tóxico. Los narcisistas y los sociópatas utilizan con frecuencia la manipulación y son plenamente conscientes de su comportamiento.

Las personas diagnosticadas de personalidad límite pueden manipular a los demás para satisfacer sus necesidades. Pero no tiene por qué haber un diagnóstico de salud mental para participar en tácticas manipuladoras. También puede deberse a que una persona está asustada o ansiosa y tiene la necesidad de controlar todo lo que le rodea.

¿Por qué es tan tóxica la manipulación?

Hay muchos ejemplos en el mundo en los que la manipulación se considera perfectamente normal, tanto que ni siquiera nos planteamos que nos están manipulando.

El marketing y la publicidad utilizan técnicas de manipulación para convencernos de que elijamos determinados productos o servicios. Puede parecer un ejemplo trivial, pero imagina el producto de limpieza o la pasta de dientes que utilizas siempre, por buenas razones, es cierto. Pero un anuncio capta tu atención y decides probar el nuevo producto. El producto de limpieza podría ser inútil o la pasta de dientes repugnante. Pero la empresa consiguió cambiar tu comportamiento de compra para su propio beneficio.

Ahora bien, si consideras este ejemplo en un contexto ajeno al marketing, la teoría es la misma. Tomas una decisión basándote en tus conocimientos y tu instinto. A pesar de saber que es la decisión correcta, alguien puede utilizar la psicología para hacerte cambiar de opinión. Como lo que quieren va en contra de tus instintos originales, a menudo no es lo que más te conviene y, por tanto, te perjudica. La manipulación en las relaciones puede llegar a ser tan tóxica que el resultado sea la ruptura de esa relación. Veamos un ejemplo.

Susan y Shaun llevaban juntos un año antes de decidir irse a vivir juntos. Hasta ese momento, no habían indicios de ningún comportamiento tóxico y ambos eran muy felices.

Una noche, Susan quería salir con sus amigas, pero a Shaun no le entusiasmaba la idea. Le dijo a Susan que esperaba que no quisiera salir porque había planeado una noche romántica en casa. A ella le encantó lo dulce que era y canceló sus planes.

Poco a poco, este comportamiento se convirtió en una pauta tal que Susan no podía quedar con sus amigos, su familia, quedarse hasta tarde en el trabajo o incluso ir al gimnasio sin que Shaun le recordara firmemente que había otros planes o responsabilidades. Los amigos y la familia de Susan estaban disgustados y acabaron por renunciar a hacer planes con ella. Pasaron 6 meses antes de que sus padres la vieran y, para entonces, había perdido peso, le faltaba confianza y estaba increíblemente nerviosa.

Para Susan no había ninguna señal de alarma en particular, porque se acercaba sigilosamente a ella. Shaun utilizó la pretensión de amor y afecto para conseguir lo que quería y, en última instancia, Susan confundió esta necesidad con amor auténtico. Tanto los hombres como las mujeres son igualmente capaces de manipular a sus amigos, colegas y seres queridos.

¿Qué tienen en común los manipuladores?

Aunque las formas en que las personas manipulan pueden variar mucho, hay una serie de técnicas y rasgos que los manipuladores tienen en común. Comprenderlos te ayudará a reconocer antes las señales y a estar mejor preparado.

1. No pueden pedir lo que necesitan sin más

Si necesitara la ayuda de un amigo por cualquier motivo, se lo pediría sin rodeos y he trabajado mi inteligencia emocional para respetar la respuesta dada. Pero, los manipuladores nunca pedirán simplemente lo que necesitan porque eso es ceder su control. En cambio, utilizarán la psicología para controlar a los demás.

2. Son expertos gaslighters

El gaslighting es una de las formas más dolorosas de manipulación, porque empiezas a cuestionar tu propia realidad y cordura. Si le pides a tu pareja que haga la compra y no lo hace, puede darse la vuelta y decir que nunca se lo pediste.

Los manipuladores utilizarán frases que pueden ser sutiles como:

"¿Seguro que te encuentras bien?" o "Estás como una cabra", que te harán cuestionar lo que ha ocurrido realmente.

3. Proyectan sus emociones

Proyectar es cuando desplazas tus propios sentimientos hacia otra persona. En la mayoría de los casos, es un mecanismo de defensa, pero los manipuladores lo utilizan para traspasar la responsabilidad de sus propias emociones negativas. Algunos ejemplos podrían ser un manipulador enfadado que acusa a su víctima de estar siempre enfadado, o una pareja infiel que empieza a sospechar que su pareja también le engaña.

4. Hacen generalizaciones

Las generalizaciones pueden hacer daño, porque el manipulador no se toma el tiempo ni el esfuerzo de comprender lo que dices de verdad.

Imagina que papá ha tenido un día problemático en el trabajo y le explica los detalles a mamá. Cuando los niños preguntan qué le pasa a papá, mamá dice: "Otra vez está de mal humor". Se trata de una afirmación muy general que hace quedar mal a papá delante de los niños, cuando en realidad tiene muchas cosas que hacer.

5. Tienen un sentido del humor inapropiado y desagradable

En realidad, es un poco como el acoso escolar, pero si sientes que siempre estás al final de una broma y estas bromas hieren tus sentimientos, estás tratando con un manipulador. Delante de los demás, sólo están siendo graciosos, un poco de humor inocente. Sin embargo, son plenamente conscientes de que su broma te causa dolor e incluso podrían echar sal en la herida diciéndote que eres demasiado sensible.

6. Dividen y conquistan

Los manipuladores no tienen problemas en mostrarse muy amables con una persona y luego hablar mal de ella a los demás. Es una técnica utilizada para controlar cómo te ven los demás. Es especialmente peligroso en grupos de amigos o con colegas. También te dirán lo que los demás dicen de ti, a menudo mintiendo o exagerando.

7. No se ciñen al tema

En cuanto parece que un manipulador va a tener que responsabilizarse de sus emociones o acciones, cambia de tema. A veces esto es más difícil de detectar porque parece muy inocente, pero lo hacen para evitar tener que rendir cuentas.

8. Siempre estarán insatisfechos contigo

No importa si haces todo lo que te piden o alcanzas los objetivos necesarios, entonces moverán los postes y esperarán más. Te darás cuenta de que estás constantemente intentando demostrarles lo que vales y nunca cumples las expectativas.

Tras leer estas descripciones, es posible que de repente seas consciente de que te están manipulando y, por experiencia personal, te sientas enfadado contigo mismo. No lo estés. No eres estúpido, ni has hecho nada malo para que te traten así. Estas personas llevan años practicando estas técnicas, para ellas es algo natural. Lo que importa ahora es que seas consciente de su comportamiento.

La oscura psicología de la manipulación

La psicología oscura se centra en la ciencia de la manipulación y el control, y es la que utilizan los psicólogos e incluso los criminólogos para comprender los problemas derivados de la manipulación. La Tríada Oscura es un conjunto de tres perfiles negativos de personalidad que son perjudiciales y tóxicos: narcisismo, psicopatía y maquiavelismo (Paulhus y Williams, 2002). Más concretamente, la Tríada Oscura es:

***Narcisismo*:** el ego, la falta de empatía, un sentido superior del yo

***Psicopatía*:** alguien encantador y amable, pero egoísta y carente de remordimientos

***Maquiavelismo*:** utilizar la manipulación para explotar a los demás sin sentido de la moral

La Tríada Oscura suena tan grave que supondrías que se trata de un tipo de manipulación menos habitual, pero es todo lo contrario. He aquí algunas formas en que la gente utiliza los rasgos de la Tríada Oscura en situaciones cotidianas:

- Inundar de amor o hacer la pelota: Dar regalos, cumplidos y afecto antes de pedir algo a alguien.

- Decir mentiras: Decir verdades parciales, exageraciones o simplemente mentiras.

- Negar amor y afecto: Puede ser desde una falta de interés por la persona hasta negarle el contacto físico, los abrazos, los besos y el sexo.

- Restringir las opciones: Ofrecer dos o más opciones, pero ninguna de ellas es la que la persona realmente quiere elegir.

- Psicología inversa: Decir a alguien que no haga algo para animarle a querer hacerlo, o viceversa.

- Utilizar la semántica: Muchas palabras tienen más de un significado según el contexto; una persona puede utilizar una definición y, aunque la comprensión sea clara, el manipulador utilizará a propósito el otro significado.

La psicología oscura y la Tríada Oscura son bastante comunes. Algunas personas no se esfuerzan por evitar ese comportamiento, sino que de hecho lo enseñan, por ejemplo, en algunas empresas de ventas y marketing. Hasta ese punto llegan algunos para asegurarse de que se satisfagan sus objetivos y necesidades por encima de cualquier otra cosa.

¿Estoy siendo manipulado? ¿Puedo evitarlo?

Tal vez tengas tus sospechas, pero aún no puedes decir definitivamente sí o no. Estar seguro de ti mismo es el primer paso para comprender los principios de la manipulación, de modo que puedas identificarla cuando se produzca antes de que sea demasiado tarde.

Hazte las siguientes preguntas. Intenta ser bastante estricto contigo mismo y responde sólo con un sí o un no. Si respondemos con una escala o incluimos "tal vez" abrimos la puerta a las excusas por su comportamiento.

1) ¿La situación es responsabilidad tuya?

2) ¿Te sentirás bien haciéndolo?

3) ¿Lo haces para evitar reacciones emocionales?

4) ¿Te da miedo decir que no?

5) ¿Hay algún compromiso?

6) ¿Haría la otra persona lo mismo por ti si la situación fuera al revés?

7) ¿Te dice tu instinto que esto es lo correcto?

No debes sentirte obligado a hacer nada que no quieras hacer y todos tenemos derecho a decir que no. Si crees que algo no te conviene, tienes que poner freno de inmediato. Poner límites y decir no son las mejores formas de evitar la manipulación, pero no son habilidades que resulten naturales a todo el mundo. Por eso, profundizaremos en la mejora de estas habilidades esenciales un poco más adelante.

Una forma muy sencilla de evitar que te manipulen es compartir tus intenciones. Cuanto más sepa la gente cómo te sientes, qué estás haciendo y cuáles son tus objetivos, más difícil les resultará a los manipuladores controlar cómo te ven los demás. También debes asegurarte de que todo queda documentado y de que también lo compartes con los demás. Un manipulador en la oficina no puede negar sus responsabilidades cuando has enviado un correo electrónico informando a todo el mundo de los pasos que vas a dar hacia el objetivo de la oficina.

De forma similar, amplía tu grupo de apoyo. Cuantas más personas informadas tengas en tu grupo de apoyo, más difícil le resultará a un manipulador aislarte. Es más, con un grupo amplio de personas amables y positivas a tu alrededor, podrás discutir y compartir ideas y opiniones libremente. Ésta es una gran estrategia para aumentar tus perspectivas y encontrar la fe en tus instintos.

Por último, muéstrate fuerte, seguro y firme y dile al manipulador que eres consciente de lo que intenta conseguir y que no lo tolerarás. Mantén los hechos en lugar de las emociones, porque es más difícil negar las cosas cuando hay pruebas que las apoyan. Los manipuladores no están acostumbrados a que se les llame la atención sobre su comportamiento, por lo que es probable que se produzca una confrontación, pero su reacción no es responsabilidad tuya. Recuerda mantener tus objetivos en mente y siéntete orgulloso de ti mismo por hacer algo que muchos simplemente ignorarían.

Evitar al manipulador y sus tácticas es una cosa. Te da poder saber que vas por delante y que te has protegido. Si el manipulador se ha abierto paso en tu vida y no estás seguro de cómo enfrentarte a él, aún podemos ponerle fin e incluso salir mejor parados del otro lado. Nuestro próximo capítulo se centra en qué hacer cuando no puedes evitar a una persona manipuladora.

CAPÍTULO 8: TÁCTICAS PARA PONER FIN Y SUPERAR LA MANIPULACIÓN

Ahora que ya sabemos lo común que es la manipulación, resulta fácil percibir que no toda manipulación puede evitarse. Para no verte sometido a estas tácticas, tendrías que aislarte completamente de muchas personas de tu vida, no interactuar nunca con gente nueva y, por supuesto, abandonar todas las redes sociales, no leer noticias, no ver anuncios, etc. Esto no sólo es insano, sino que además te perderías muchas experiencias y relaciones potencialmente maravillosas.

De hecho, es normal tener personas manipuladoras en tu vida, pero debes saber cómo manejarlas y no acabar siendo controlado y dirigido por ellas. Eso no significa seguir adelante como si nada hubiera pasado. Aprendiendo las habilidades esenciales para detectar y detener la manipulación es como vas a recuperar el poder sobre tu propia vida y empezar a disfrutar más de ti mismo.

Este capítulo te ofrece siete tácticas poderosas que mostrarán a tu manipulador que su comportamiento no será tolerado. Pero antes de eso, asegurémonos de que no hemos pasado por alto ninguna señal manipuladora.

Reconocer la manipulación a largo plazo

En el capítulo anterior, dedicamos bastante tiempo a ver cómo detectar la manipulación antes de que se produzca. Probablemente también tengas una buena idea de si te están manipulando personas a las que no puedes evitar. La manipulación puede ser encubierta o abierta, muy sutil o completamente autodirigida. Es el acto de utilizar la psicología para controlar a los demás para que sientan o actúen de forma contraria a su verdadero yo.

A veces, cuando llevamos mucho tiempo cerca de una persona, la manipulación se mezcla con otros comportamientos tóxicos y no es tan fácil detectarla. Intencionadamente o no, los manipuladores pueden recurrir a las formas más sutiles de doblegarte poco a poco. Éstas son las más difíciles de detectar, sobre todo cuando es difícil imaginar que las personas más cercanas a ti jueguen a esos juegos.

Aparte de lo que hemos comentado en el capítulo anterior, debería ondear una bandera roja si notas que una persona siempre te anima a hablar primero. Seguro que crees que sólo están siendo educados, pero en realidad sólo quieren establecer una base de lo que piensas. Puede que incluso te hagan algunas preguntas, lo que, de nuevo, parece considerado. Lo que están haciendo es permitirte que te abras para poder encontrar tus puntos débiles y luego cultivar su propio plan.

También debes desconfiar de las personas que siempre deciden el lugar de reunión, independientemente de la actividad. Tú quieres cenar aquí, ellos quieren allí; tú quieres comprar en X pero ellos quieren Y; tu casa... no, tiene que ser la suya. Tenemos la tentación de seguirles la corriente para no agitar el barco, pero lo que están haciendo es intentar sacarte de tu zona de confort y obligarte a ir a lugares en los que ellos tienen el control.

También hay formas de comportamiento pasivo-agresivo que no deben tolerarse. Una de las clásicas es hacerse el tonto. Puede tratarse de cualquier actividad, desde no saber cómo funciona la lavadora hasta no entender la declaración de la renta o no ser capaz de descifrar una nueva tecnología. Haciéndose el tonto, la persona te anima a que lo hagas por ella porque, al fin y al cabo, es más rápido si lo haces tú que si se lo explicas.

La culpabilización es otra forma de comportamiento pasivo-agresivo. A veces, puede parecer juguetona: el labio inferior, una sonrisa y "Si me quisieras lo harías". Una forma más dura de culpabilización consiste en acusar a los demás de ser egoístas o de no preocuparse para que se cumplan sus exigencias.

Por último, volvemos al acoso intelectual. Los bombardeos de hechos y estadísticas crean la sensación de que saben más que tú. Entonces te darán muy poco tiempo para tomar una decisión. Ambas tácticas se deben a que quieren que sigas su propia agenda, en lugar de darte tiempo para ver las cosas desde puntos de vista alternativos. Esto no tiene por qué ocurrir sólo en el lugar de trabajo. Los amigos o la familia pueden arrojarte información cuando planifican eventos, destacando las razones por las que su plan es superior y luego diciendo que hay que tomar una decisión enseguida para poder hacer la reserva.

Si sientes que actúas o hablas de formas que van en contra de lo que realmente eres o si te sientes constantemente agotado o confundido por una persona en particular, querrás empezar a trabajar en las siguientes técnicas para empezar a ver cambios impresionantes.

7 tácticas poderosas para superar la manipulación

#1. *Conoce y defiende tus derechos humanos fundamentales.*

Existen 30 derechos humanos básicos según la Declaración Universal de los Derechos Humanos (Naciones Unidas, 1948). Algunos que son objeto de manipulación son el derecho a la igualdad en el matrimonio, el derecho a la propiedad, la libertad de pensamiento y religión, y la libertad de opinión y expresión. También tienes derecho a la intimidad.

El primer derecho humano es que todos los seres humanos son libres e iguales. Nadie merece más o menos que otra persona. Nadie es superior, a pesar de cómo se sienta o de cómo lo pinte la sociedad. Dicho esto, como todos somos libres de tener nuestras propias opiniones, el manipulador tiene derecho a sentirse superior, pero no a hacer que los demás lo sientan así. El artículo 30 afirma que los derechos humanos no pueden ser arrebatados, y ésta es la clave de nuestro entendimiento. No importa lo que otros intenten hacer, tú tienes derechos.

#2. *Mantén la distancia lo mejor que puedas.*

Que pases ocho horas al día con alguien, que vivas con él o que sea tu familia cercana, no significa que tengas que permanecer constantemente a su lado. Pon distancia entre esa persona y tú y pasa con ella sólo el tiempo necesario. Lo que ocurrirá cuando hagas esto es que ganarás confianza, fuerza y control durante el tiempo que estés lejos y esto te ayudará a manejarlos en esos momentos que no puedes evitar.

#3. *Deja de culparte.*

Hay dos categorías principales de cosas por las que nos culpamos: cosas por las que no deberíamos sentirnos culpables y cosas que deberíamos dejar en el pasado. No deberías culparte por tus emociones o tus necesidades. Son lo que son. Si te sientes cansado, feliz, triste o harto, asúmelo y recuerda que la gente no tiene derecho a juzgarte. Tampoco tienen derecho a hacerte sentir mal porque necesites pasar una noche en casa para recuperarte, o porque quieras salir una noche para divertirte.

Es demasiado habitual que nos culpemos a nosotros mismos cuando no podemos hacer algo bien o si no somos buenos en algo. No se supone que los humanos seamos perfectos. En lugar de culparte por las cosas que no puedes hacer, presta atención a las cosas que haces bien, y no te sientas culpable si estás orgulloso de ello.

Si alguien en quien confiabas te ha hecho daño, o se ha puesto fin a una relación, estas cosas no van a cambiar. Es crucial que aprendamos de nuestro pasado, pero no nos permitamos seguir reviviéndolo. (huffpost.com)

Sé que todo esto es más fácil decirlo que hacerlo, sobre todo si hay alguien en tu vida que te recuerda constantemente lo que considera fallos. Seguir los pasos 1 y 2 te ayudará a impedir que los manipuladores vean en esta autoculpabilización una debilidad que pueden utilizar.

#4. Vuelve a enfocar el manipulador.

Tanto si el manipulador es consciente de su comportamiento como si no, volver a centrar la atención en él le permitirá ver sus fechorías o le conmocionará para que se dé cuenta de que estás detrás de su comportamiento. Para ello, tienes que hacer preguntas de sondeo:

- ¿Te parece justo?

- ¿Es razonable lo que me pides?

- ¿Tengo algo que decir al respecto?
- ¿Me lo preguntas o me lo dices?
- ¿Qué voy a conseguir con esto?
- ¿De verdad esperas que (reitera su petición)?
- ¿Has tenido en cuenta mi tiempo?
- ¿Has tenido en cuenta mi opinión?

Lo triste es que a un manipulador no le importarán las respuestas a estas preguntas, porque su única preocupación es conseguir sus objetivos. La imparcialidad, tu opinión y tu tiempo, o lo que vas a conseguir con ello no se les pasaría por la cabeza. En cambio, si alguien está realmente interesado en tu bienestar, se tomará un momento para responder a las preguntas con sinceridad.

#5. *Fija y establece consecuencias firmes.*

La mayoría de nosotros tenemos límites, aunque no seamos plenamente conscientes de que eso es lo que son. Nuestros límites son nuestro conjunto individual de normas por las que nos regimos. Este código de conducta procede de nuestros valores y creencias, así como de experiencias pasadas que no queremos que se repitan. Los límites de la gente son muy personales, pero la mayoría estaríamos de acuerdo en que cometer un delito es una línea que no cruzaríamos, junto con la discriminación, el acoso, el engaño y la invasión del espacio personal. Si no tienes claro al 100% cuáles son tus límites, debes definirlos ahora, antes de intentar establecerlos. Tómate un momento para pensar en situaciones pasadas que te hayan hecho daño. ¿En qué momento se convirtió en demasiado? Un beso en la mejilla es una cosa, pero demorarse ahí puede haberte hecho sentir incómodo y así tienes claro que ése es un límite para ti.

En la mayoría de nuestras relaciones, personales y profesionales, la gente entenderá tus límites y los respetará. Para un manipulador, los límites no existen y los violará alegremente si con ello satisface sus necesidades.

Cuando una persona insiste en cruzar un límite y hacerte sentir incómodo, su comportamiento se ha vuelto tóxico. Para mostrar la gravedad de las violaciones de los límites, tienes que tener preparadas las consecuencias. Por ejemplo, si es un colega el que se pasa de la raya con el contacto físico, tienes que decirle que si vuelve a ocurrir lo denunciarás a RRHH. Si un familiar o pareja se enfada o abusa verbal o físicamente, hazle saber que te alejarás de la situación y de la relación si es necesario. Cuando los amigos lleguen tarde constantemente o no aparezcan, infórmales de que no harás planes con ellos en el futuro.

Las consecuencias son increíblemente valiosas, pero sólo si las haces cumplir. Por ejemplo, si tu pareja te grita y no te alejas, el manipulador aprenderá que puede seguir con su comportamiento negativo y que tus límites no significan nada. Establece una consecuencia sólo si sabes que puedes cumplirla.

Para mejorar en el establecimiento de límites y sus consecuencias, asegúrate de practicar lo que quieres decir de antemano para tener más confianza y ser más elocuente.

#6. Aprende a decir NO y practícalo con regularidad.

Decir que no es difícil por muchas razones diferentes. La más común es que no queremos defraudar a la gente o que tenemos miedo de la reacción de la otra persona. Otra razón, menos discutida, es que no nos gusta la idea de que no podemos hacer todo lo que se nos pide. No poder compaginar el trabajo, la vida familiar y la vida social puede hacernos sentir como si estuviéramos fracasando en algo. A pesar de todo esto, decir no es crucial para nuestro bienestar mental y físico, así como para anteponer nuestras necesidades y reforzar esos límites. Es importante recordar que decir no, no es malo en absoluto, pero requiere práctica y determinación. Hay algunos consejos útiles que debes tener en cuenta a la hora de decir no:

- Decide si quieres decir sí o no; si no estás seguro, pide más tiempo.

- Sé amable en tu no, no sólo con las palabras sino también con tu tono y lenguaje corporal.

- Agradece a la persona que te haya tenido en cuenta.

- Ofrece una alternativa que les convenga a los dos.

- Prepárate para tener que decir un no más firme.

Vamos a ampliarlo con un ejemplo. La familia de Samantha quiere que se lleve a sus hijos de vacaciones durante dos semanas en verano. Sus padres la han culpabilizado un poco diciéndole que nunca pueden pasar tiempo con los nietos y ¡quién sabe cuánto tiempo les quedaría! Samantha podría responder de dos maneras:

1. "Gracias por la oferta. Sería un viaje estupendo, pero no puedo comprometerme porque ya tenemos planes. Aunque podríamos hacer una semana".

2. "No, lo siento. Eso no me va a funcionar".

Puedes ver que la primera frase es la forma más suave de decir no sin tener que utilizar realmente la palabra. La segunda frase es más firme, pero no grosera ni agresiva. A veces hay que empezar con las palabras más amables y utilizar palabras más firmes si la persona se resiste.

Estos son pasos estupendos para decir que no a una persona normal, pero pueden no ser suficientes para los manipuladores de nuestra vida. Rara vez es buena idea explicar a un manipulador por qué dices que no, porque utilizará tus palabras en tu contra e intentará cambiar tu agenda para que no tengas excusa para decir que no. Aquí tienes algunas frases directas que puedes utilizar para decir que no a un manipulador.

-Gracias, pero no.

-Mi horario no me lo permite.

-No me va a funcionar.

-No, no puedo.

-Hoy estoy demasiado ocupado, mañana estoy libre.

-No me siento cómodo con eso.

-Tengo por norma no...

-¡No!

-He dicho que no y lo he dicho en serio.

Existe la posibilidad de que la persona a la que dices que no se enfade o monte una escena. Esto es cosa suya y no tuya. Has dicho que no de forma firme pero justa y no necesitas justificar esta respuesta, ni sentirte culpable por ello. Si la reacción de la persona es demasiado fuerte para ti, hazle saber que te vas y que volveremos a hablar de ello cuando se haya calmado.

#7. *Enfréntate al acosador por lo que es: de la forma correcta.*

Nadie quiere sentir que le pisotean. A veces no puedes aguantar mucho antes de que se produzca un arrebato inesperado y fuera de lugar. Aunque te sientas bien desahogándote, cuando tratas con un manipulador es más probable que te salga el tiro por la culata, sugiriendo que estás fuera de control o incluso loco. Por eso tienes que asegurarte de que te enfrentas a tu acosador de la forma correcta: con seguridad, calma e inteligencia. Para que esto tenga lugar, tiene que haber tiempo suficiente para mantener una conversación, ambas partes tienen que estar en el estado de ánimo adecuado y, sobre todo, tiene que haber calma. Si no te sientes capaz de controlar tus emociones en ese momento, es mejor esperar. Si temes de algún modo por tu seguridad, asegúrate de que hay gente a tu alrededor por si las cosas se vuelven agresivas o violentas. No merece la pena sacrificar tu seguridad por enfrentarte a un acosador, así que elige bien el momento.

No todo el mundo pretende manipularte, pero la vida será más agradable cuando sepas identificar el comportamiento y domines cómo manejarlo. Los que se preocupan por ti asimilarán lo que dices. Los cambios no se producirán de la noche a la mañana, ya que estás modificando hábitos arraigados desde hace mucho tiempo, pero empezarás a ver que los esfuerzos dan sus frutos. No olvides que un poco de paciencia por tu parte también te ayudará mucho. Si no ves los resultados que deseas, es hora de romper con el manipulador para que puedas empezar nuevas relaciones equilibradas con respeto mutuo.

CAPÍTULO 9: LIDIAR CON LA NEGATIVIDAD

Del mismo modo que con el drama, algunas personas prosperan con la negatividad. Como hemos dicho, la mayoría de nosotros responderá a "¿Cómo estás?" con un bien o muy bien, pero todos conocemos al menos a una persona que iniciará una larga conversación respecto a todo lo negativo de su vida y de la de los demás. ¡Eso puede ser agotador! Pero, es algo que no podemos eliminar por completo de nuestras vidas, por lo que es necesario aprender a sortear este tipo de comportamiento tóxico. Empecemos por mirar en nuestro interior y cuestionar nuestra propia negatividad.

Incluso las personas más optimistas no pueden evitar enfrentarse a su propia negatividad

Siendo completamente sincero contigo mismo, deberías admitir que tienes un elemento de negatividad sobre ti mismo. Eso no quiere decir que difundas esa negatividad entre los demás, pero ya sea de vez en cuando o con más frecuencia, los pensamientos negativos se cuelan. Puede que tengas problemas de salud o económicos y, por supuesto, sabemos que habrá problemas serios con tus relaciones. Cualquiera de ellos puede llevarnos a preguntas como "¿Por qué yo?" o "¿Qué he hecho para merecer esto?".

Puede que empieces a pensar en los "si tan sólo". Si no me hubiera enamorado de esa persona o no hubiera aceptado ese trabajo. Después de reproducir la negatividad, puede que te des una sacudida y asumas que es lo que hay y que no tienes elección.

Si piensas en las cosas a mayor escala, la vida es una cadena de elecciones: algunas son fáciles, otras más difíciles, pero todo es una elección que tienes que hacer. Puedes elegir qué quieres cenar, a qué hora te vas a la cama, dónde te vas de vacaciones y, lo que es más importante, la compañía que tienes. Desde que te has levantado esta mañana hasta ahora, ¿cuántas elecciones has hecho? Probablemente ninguna de ellas haya sido tan difícil.

Cuando escuchamos a nuestro cuerpo, las elecciones son realmente fáciles. Si tienes antojo de café, necesitas un chute de cafeína porque tu cuerpo está cansado, así que eliges prepararte un café. La lógica también nos ayuda a elegir. Si sabes que tienes que echar gasolina al coche, eliges salir antes para ir a trabajar.

Cuando se trata de nuestras relaciones, nuestras emociones pueden interponerse, haciendo que las elecciones sean algo turbias, pero al fin y al cabo, la elección sigue estando ahí.

Para superar tu propia negatividad, tienes que responsabilizarte de tus actos y aceptar el hecho de que nada cambiará a menos que tomes una decisión. Elegiste leer este libro, lo cual es un gran paso en la dirección correcta. La siguiente elección que tienes que hacer es qué hacer con la información.

"La felicidad es una elección, no un resultado. Nada te hará feliz hasta que elijas ser feliz".

— RALPH MARSTON

¿Qué desencadena la negatividad?

Cada una de nuestras emociones tiene desencadenantes. El olor de los cachorros o de la hierba recién cortada puede desencadenar felicidad, mientras que ver las noticias puede hacer que nos sintamos enfadados o tristes.

La negatividad puede ser desencadenada por algunas de nuestras emociones más intensas. Para poder adelantarte a esta negatividad, tienes que analizar cuáles son tus desencadenantes. Algunos ejemplos comunes son

- Trato injusto
- Alguien que cuestiona tus creencias o valores
- Ser ignorado, excluido o rechazado
- Sentirse emocionalmente agotado por los demás
- Falta de control o independencia
- Traición y mentiras
- Ser criticado
- Que te falten al respeto

Por supuesto, la negatividad puede surgir desde cosas menores, como el tráfico, hasta circunstancias mayores, como las relaciones abusivas. A veces, nuestros desencadenantes pueden provenir de cosas que han sucedido en nuestro pasado lejano: unos padres distantes pueden desencadenar el miedo al abandono.

¡Aprender cuáles son tus desencadenantes te conducirá a un lugar maravilloso en el que podrás elegir! En primer lugar, tu desencadenante está ahí para advertirte. Puede que empieces a sentir emociones negativas o que tengas síntomas físicos como un aumento de la frecuencia cardiaca, sentirte mal, mareado o temblar. Entre el desencadenante y tu respuesta tienes espacio. Puede que sólo sea una fracción de segundo, pero sigue estando ahí. En ese momento, puedes elegir cómo reaccionar.

Supongamos que has tenido un día increíblemente estresante en el trabajo, tu cuerpo está agotado y temes el día siguiente. Tu reacción es tomarte una cerveza o un vaso de vino, pero antes de que la negatividad te abrume, podrías elegir el yoga o la meditación en su lugar. Si tu reacción es gritar a la gente que te frustra, puedes sentir cómo se acumula la frustración, pero, antes del arrebato, podrías optar por respirar profundamente para calmarte y volver a centrarte.

Naturalmente, esto te llevará tiempo dominarlo y tendrás que ser paciente contigo mismo. Antes de esperar controlar tu respuesta, tómate un tiempo para observar distintas situaciones y anotar tus reacciones físicas y emocionales para comprender realmente qué te desencadena.

Cómo puedes prepararte para el éxito

La negatividad interior puede controlarse. La negatividad de los demás puede evitarse hasta cierto punto, pero el resto será mucho más fácil de manejar cuando prosperes. Hay dos formas fundamentales de empezar a cuidarte para tener más éxito, sea lo que sea lo que eso signifique para ti. Empecemos por lo que puedes hacer por tu yo físico:

1. Adopta una rutina: La rutina proporciona estructura y ayuda a crear un día más equilibrado y organizado. Una buena forma de empezar el día es con una rutina matutina que te haga feliz: tal vez una breve sesión de cardio, pasear al perro o hacer estiramientos. Todo ello puede ayudarte a empezar el día de forma positiva. Tener un plan para el día te permite mantener el control.

2. Concéntrate en cómo alimentas tu cuerpo: Un desayuno saludable es una forma ideal de aumentar tu ingesta de nutrientes y energía. Si sientes que buscas tentempiés azucarados a lo largo del día, prueba a elegir cosas que mejoren tu estado de ánimo, como bayas, frutos secos, semillas e incluso chocolate negro.

3. Elige el momento adecuado del día para tus tareas exigentes: Algunas personas están en su mejor momento por la mañana y se sienten un poco perezosas después de comer; otras son todo lo contrario y tardan un poco en entrar en calor. Si tienes un montón de cosas que sabes que son estresantes, quítatelas de encima primero. Luego, planifica tu día de modo que las tareas más agotadoras se programen para cuando estés en tu mejor momento.

4. Deja de hacer varias cosas a la vez: Se nos presentan imágenes de personas multitarea capaces de conseguir más, pero lo cierto es que cuando no ponemos toda nuestra atención en una tarea, ésta puede llevar más tiempo y se pueden cometer errores. Esto no sólo se aplica al trabajo. Si estás con tus hijos, estate con tus hijos. Si sales a cenar, permanece en el presente y no te distraigas con el teléfono.

5. Muévete, ríe y juega: Cualquiera que esté encerrado en un escritorio debería intentar moverse durante unos minutos cada 30 minutos aproximadamente. También es buena idea dar un paseo durante la pausa del almuerzo para aumentar el oxígeno en el cerebro. No olvides nunca la importancia de reír y divertirte, aunque sólo sea unos minutos a lo largo del día. Elige una aplicación con juegos cerebrales, mira tus videos favoritos de YouTube o llama por teléfono a un amigo que te haga reír.

6. Duerme la cantidad de horas adecuada para tu cuerpo: Tanto si necesitas 6 horas como 9, asegúrate de irte a la cama a la hora para que tu cuerpo y tu mente tengan la oportunidad de descansar y recuperarse. Evita la cafeína y el alcohol por la noche. Por muy tentado que estés de llevarte el móvil a la cama, intenta dejarlo en la otra habitación. Puede que te encuentres en las redes sociales y seguro que hay algo de negatividad online que no necesitas antes de irte a dormir.

Cuando cuidas de tu yo físico, es más fácil tener éxito emocionalmente, y esto también te ayudará establecer límites y reforzarlos. No intentes alejar tus emociones o ignorarlas. Es importante sentir, reconocer y procesar tus emociones. Escribir un diario es una forma estupenda de sacar todos esos sentimientos sin temer que te juzguen los demás. Escribir te permitirá ganar objetividad sobre distintas situaciones y ver las cosas desde otro punto de vista.

Visualizar tu poder personal y crear una vida mejor para ti mismo

Otra gran estrategia para sortear lo negativo es aumentar lo positivo en tu vida. Aunque no es ni bueno ni malo, a medida que envejecemos, vamos adquiriendo más y más responsabilidades y, de un modo u otro, podemos perder nuestro sentido de la identidad y lo que consideramos nuestro verdadero yo. También es más que probable que prestemos demasiada atención a lo que la sociedad cree que debemos ser, que es la peor forma de perder el poder personal.

Tu poder personal es la capacidad de verte a ti mismo como un individuo que tiene puntos fuertes, puntos débiles y potencial. Cuando dejamos de luchar contra lo que creemos que deberíamos ser, podemos acceder a nuestro poder personal y utilizarlo para trabajar por nuestros objetivos y por la vida que queremos llevar. Empieza por reflexionar sobre tu situación actual, pregúntate por qué haces las cosas que haces y qué ganas con ello. Evalúa tu situación y tus relaciones, de modo que puedas utilizar toda esta información para planificar el futuro.

Después de años de tratar con personas tóxicas, recordarte a ti mismo lo grande que eres es un trabajo duro. Pero, al fin y al cabo, eres increíble. Eres una buena persona, amable, cariñosa, inteligente y hermosa. Tienes tus defectos, porque todos los tenemos. Puede que quieras perder un par de kilos, que desees no tener tantas arrugas y que posiblemente veas alguna que otra serie en Netflix en lugar de hacer algo más productivo, pero nada de esto quita que seas una buena persona. A medida que mejores estableciendo tus límites y eliminando la toxicidad de tu vida, te resultará más fácil creer esto. También dejarás de prestar atención a los que no merecen tus elogios y empezarás a dedicársela a los que sí los merecen. Esto te ayudará a ver la gran persona que eres y encontrarás el poder personal necesario para crear tu visión.

Tu visión de la vida es cómo ves tu vida en el futuro. Es similar a los objetivos, pero a mayor escala. Incluye tus metas y tus sueños tanto personales como profesionales, pero también es una visualización de cómo ves que se desarrollan tus relaciones a lo largo del tiempo. Imagina tu visión de la vida como una brújula que utilizas para orientarte en la dirección correcta (www.lifehack.org). Sin esta visión, es casi como si hubieras entregado tu brújula a otros que la utilizarán para controlar tu vida.

Podrías pensar que es tan sencillo como preguntarte qué quieres hacer con tu vida, pero se trata de una pregunta muy pesada de responder y que no se puede contestar de inmediato.

Gran parte de la respuesta proviene del trabajo que ya hemos realizado, así que tienes algo de ventaja. Tu visión dependerá de tus valores y creencias, que analizamos al crear los límites. Además, es fundamental contar con una planificación cuidadosa, que inicia con una reflexión profunda, seguida de una evaluación exhaustiva y una planificación detallada.

Empecemos con preguntas para hacerte sobre el presente, seguidas de otras sobre cómo te imaginas tu futuro, para que puedas trabajar en tender un puente entre ambos.

Preguntas que examinan tu vida actual:

- ¿Qué cosas te importan en este momento? ¡Ignora las cosas *que deberían* importar!

- ¿Qué quieres conseguir en tu carrera?

- ¿Qué quieres más en la vida? ¿Te aportará felicidad?

- ¿Cómo quieres que sean tus relaciones?

- ¿En qué eres bueno?

- ¿Qué quieres conseguir en la vida?

- ¿Qué habilidades te gustaría mejorar?

- ¿Tienes alguna pasión que te gustaría desarrollar?

Ahora elige un momento en el futuro. Puede ser dentro de 5, 10 o 20 años.

Preguntas que miran hacia tu futuro:

- ¿Qué habrás conseguido?
- ¿Qué vas a hacer? ¿Cómo es un día normal?
- ¿Dónde vives? ¿Qué tipo de vivienda tienes?
- ¿Quiénes son las personas que te rodean?
- ¿Qué aspecto tienes?
- ¿Cómo están tus emociones?

Si tu visión de la vida te hace sentir feliz y entusiasmado con el futuro, sabrás que has dado en el clavo. Si no es así, algunas de tus ideas tendrán que modificarse.

El siguiente paso es planificar cómo vas a llegar de A a B. Probablemente tendrás que desarrollar nuevas habilidades o tomar ciertas decisiones en las que no habías pensado antes. Si te imaginabas en una gran casa en el campo, puede que tengas que ajustar tu situación financiera para llegar hasta allí. Si te imaginas una familia numerosa a tu alrededor, quizá sea el momento de plantearte la adopción, porque precipitarte en una relación sólo para tener hijos va a encaminar tu vida por una senda diferente.

Recuerda que siempre hay opciones y elecciones. Por último, desglosa cada área de tu visión y calcula los pasos que tienes que dar para llegar a ella; no olvides volver a comprobar tu brújula a medida que alcances cada hito, para estar seguro de que vas por el buen camino.

Tu poder personal necesita una frase de poder

Un último consejo para potenciar realmente tu poder personal es crear una frase de poder. Probablemente hayas oído hablar de cosas como los mantras y las afirmaciones, frases cortas que te ayudan a mantenerte centrado en un objetivo o a animar a la mente a empezar a creer en lo que deseas conseguir.

Por ejemplo, Creo en mis visiones, Me quiero, Estoy orgulloso de mí mismo. Una frase de poder es muy parecida, pero como su nombre indica, nos permite centrarnos en nuestras fuerzas interiores.

Una frase de poder puede ser cualquier frase corta, normalmente sólo tres palabras que pueden repetirse siempre que las necesites. Puede ser antes de una reunión importante o de una conversación crucial. Puede ser cuando te sientas estresado o abrumado. Tu frase de poder es una gran herramienta que puedes utilizar entre un desencadenante y una reacción para ayudarte a calmarte y volver a centrarte, ya que te ayuda a recuperar el control.

Para crear tu propia frase de poder, debes volver a tus objetivos y visiones de cómo te ves en tu mejor momento. Ahora selecciona tres adjetivos que se relacionen con esto. Las posibilidades son infinitas, pero te daré algunas de mis favoritas:

- Hermoso
- Fuerte
- Potente
- Independiente
- Capaz
- Inteligente
- Magistral
- Agradecido

- Con talento
- Alegre
- Enérgico
- Creativo
- Divertido
- Leal
- Valiente
- Impresionante
- Positivo
- Confiado

Además de utilizar tu frase de poder en momentos de necesidad, puedes incorporarla a tu rutina diaria. Repite tu frase unas cuantas veces mientras estás en la ducha, preparando la comida o conduciendo hacia el trabajo.

Acepta, Abraza y Libera la Negatividad

¡Está aquí y no va a ir a ninguna parte! Puedes elegir entre quedarte en la negatividad o elevarte por encima de ella. Elegir ser feliz y positivo no sucede de la noche a la mañana, suponer que así será te llevará a la decepción.

Incluso después de practicar las técnicas mencionadas, seguirás teniendo que enfrentarte a la negatividad de los demás. Resulta más fácil cuando cuidamos de nosotros mismos y practicamos el amor propio. Sin embargo, aprender el método "aceptar, abrazar y soltar" te ayudará a protegerte de la negatividad de la que no puedes escapar.

Acepta las cosas como son. Para ello, tienes que determinar si tienes control sobre la situación y si es o no responsabilidad tuya. Acepta que a tu colega sólo le gusta ver el lado pesimista. No es tu responsabilidad intentar arreglarlo y puedes elegir si le haces caso o no.

Abrazar la negatividad consiste en elegir actividades que te permitan procesarla en lugar de enterrarla. Algunas personas eligen escribir las cosas en un diario o hablar con un amigo. La meditación y la atención plena son formas excelentes de abrazar la negatividad de la forma correcta para que no te corroa. Aprendes a inhalar tu visión de la vida y a exhalar todo lo negativo.

Si llegas a un punto en el que la negatividad te rodea y no puedes liberarte, es importante que consigas el apoyo que necesitas. Hablar con un amigo de confianza a menudo puede ayudarte a liberar algunas de esas emociones negativas reprimidas. Y no hay que avergonzarse en absoluto de hablar con un profesional si eso significa que puedes liberarte y dar ese importantísimo primer paso hacia una versión de ti más poderosa que mira hacia un futuro más brillante.

CAPÍTULO 10: CÓMO HABLAR CON PERSONAS TÓXICAS SIN TENER QUE RENUNCIAR A TU PODER

Luego de lo que hemos visto hasta ahora, somos conscientes de que siempre habrá algún tipo de personas tóxicas en nuestras vidas. Pese a que nos esforcemos por eliminarlas, constantemente estamos entablando nuevas relaciones y no va a ser posible evitarlas por completo. Comienzas a trabajar en nuevo lugar y te encanta, excepto por ese colega. O un ser querido está pasando por una experiencia traumática y comienza a mostrar un comportamiento tóxico. Aprender a hablar con estas personas es tu mejor herramienta no sólo para sobrevivir, sino también para empoderarte.

Al igual que muchos otros, yo he pasado por muchos tipos diferentes de relaciones que eran completamente insanas. Suele ocurrir una de dos cosas.

La relación insana se prolonga mucho más de lo que debería, o termina, a menudo de forma desordenada. En ambas situaciones, ha habido una ruptura significativa de la comunicación y no se han mantenido las conversaciones tan importantes.

Somos reacios a tener estas conversaciones por miedo o temor a las reacciones. Tal vez, en el fondo, sabemos que la relación está acabada, pero hablar de los problemas sólo va a confirmarlo. Sólo eso puede impedir que nos comuniquemos.

Lo irónico es que hablar con personas difíciles o tóxicas puede aliviar muchos de los problemas y dar paso a una relación más sana. Por otra parte, si no resuelve los problemas, puedes poner fin a la relación de un modo más respetuoso, sin que se alargue innecesariamente.

En cualquier caso, aprender a hablar con este tipo de personas te quitará un gran peso de encima, te liberará de su comportamiento tóxico y te permitirá recuperar tu poder.

7 consejos para comunicarte con una persona tóxica

#1. Mantente frío, no muestres ninguna emoción.

Hemos hablado de esto con los manipuladores y los sociópatas, pero se aplica a todas las personas tóxicas. Suena muy duro, sobre todo si te gusta ser cálido con los demás. Recuerda que no tienes que ser frío con todo el mundo, sólo con los que son difíciles.

El problema es que, independientemente de sus posibles problemas de salud mental, las personas difíciles utilizarán cualquier indicio de tus emociones para manejar y controlar la conversación.

Si levantas la voz, aunque sea un poco, pueden responderte diciendo que siempre te enfadas. Si te defiendes, estás a la defensiva, y si lloras, eres demasiado emocional.

Puedes ser honesto sobre tu propósito para la conversación, los hechos son excelentes pero permaneces al borde de la frialdad.

#2. No negocies.

La frase "No negociamos con terroristas" se ha utilizado en todo, desde la política gubernamental hasta las películas, y como eslogan popular, ¡por una buena razón! Sin duda, es una frase que debería sonar constantemente en tu mente. Imagina que esa persona es un terrorista, que plantea exigencias poco realistas y peligrosas y espera que sucumbas.

Admitámoslo, durante mucho tiempo, probablemente incluso años, has estado negociando con personas tóxicas y eso no te ha llevado a buen puerto. Durante tus conversaciones con personas difíciles, no hay zonas grises, ni quizás, ni término medio. Hay blanco o negro, sí o no, en función de tus necesidades y de lo que te diga tu instinto. De nuevo, suena duro y muy difícil, pero no estás cruzando la línea de lo desagradable, sino que te mantienes firme.

#3. Mantente firme, pero no te pongas a la defensiva.

Cuando se critica nuestro carácter o comportamiento, una respuesta natural puede ser ponernos a la defensiva. Sentimos la necesidad de justificar nuestras acciones o de culpar a los demás del problema. La respuesta más peligrosa es dejar de escuchar lo que dicen, ya que provocará una ruptura de la comunicación.

El problema es que las personas tóxicas harán todo lo posible por encontrar tu botón defensivo. Sacarán a relucir discusiones o errores que cometiste en el pasado, destacarán una debilidad que saben que te hará más daño. Hacen todo esto para obtener una reacción emocional de ti.

Siempre debes defenderte y no dejar que los demás saquen a relucir cosas que no vienen al caso sólo para verte sufrir. Al mismo tiempo, asegúrate de que tienes el control emocional y te mantienes dentro del tema. Dile asertivamente a la persona que no te faltará al respeto.

#4. Reconoce que en realidad nunca será tu turno.

No va a ser tu turno de ser el que tiene sentido lógico, no va a ser tu turno de hablar sin interrupción y no va a ser tu turno de tener razón. Puedes seguir luchando o puedes elegir aceptarlo porque es el juego infantil al que les gusta jugar.

¡Tienes el poder de superarlo! Si crees que vas a dominarles ganándoles en su propio juego, sólo conseguirás hundirte a su nivel. Mantén la cabeza alta, mantente firme en tu expresión y en tus valores, pues así no podrán drenar tu poder.

#5. Hazlo breve y dulce.

Corto y dulce, tal vez no, ya que seguimos apostando por la versión firme y no emocional de ti. Corto y sencillo, sin duda.

Cuanto más larga sea la conversación, más posibilidades hay de que empieces a hablar con palabrería y de que intervengan esas emociones. La mayoría de las veces, cuando eres breve y sencillo, la conversación también es mucho menos dramática.

Conoce el punto que quieres exponer. Tu parte debe incluir el problema y la solución. No te preocupes si pareces brusco. Contundente no es lo mismo que grosero o maleducado. Este enfoque permite que las cosas acaben más rápido.

#6. Protege tu talón de Aquiles.

Todos tenemos nuestros puntos débiles: no tu mecha corta ni tu sobreprotección de tus hijos. Tu talón de Aquiles es esa vulnerabilidad que duele como una puñalada por la espalda. Mi ex me decía: "Mentalmente no estás bien", y aunque no parezca gran cosa, sabía que era una preocupación mía y lo utilizaba para desequilibrarme en cualquier discusión.

Avanzar y mantener tus emociones al margen de las conversaciones con personas difíciles te ayudará a proteger tus puntos débiles porque no podrán verlos. Para los que se sienten cómodos atacando sus puntos débiles, prepárate de antemano. Sabes que van a mencionarlo, así que ten en mente algunas técnicas de respiración o un lugar feliz al que ir en lugar de dejar que te afecten. También ayuda tener presentes tus objetivos y recordar por qué estás teniendo la conversación en primer lugar.

#7. Hazlo por ti y no para ganar.

Todos podemos admitir que tenemos momentos en los que sentimos una necesidad irrefrenable de ganar una discusión, aunque ni siquiera sepamos qué significa ganar. La verdad es que, en realidad, nadie gana nunca una discusión. En cuanto una de las partes la ve como algo que se puede ganar o perder, has perdido. Otra buena es: "Puede que hayas ganado la batalla, pero no has ganado la guerra". El objetivo de estas conversaciones es mejorar la relación, no ganar.

Las conversaciones con personas difíciles son necesarias para el crecimiento personal, una vida mejor, más equilibrio en una relación, y tantas otras razones más cruciales que apuntarse un tanto. Recuerda que lo haces por ti y que ésta debe ser tu principal preocupación.

Frases exactas para hablar con personas tóxicas

Gran parte de lo que hemos visto hasta ahora ha versado sobre la preparación mental. Ahora es el momento de ver frases concretas que puedes utilizar en tus conversaciones con personas difíciles. Mi consejo es que nunca utilices una frase si no te parece adecuada. Al fin y al cabo, todas estas son ideas estupendas, pero dependerá de ti decidir qué frases son las mejores para utilizar en la conversación en la que te encuentres en ese momento.

Rebeca Zung, abogada y autora, ha creado un video excelente sobre distintos tipos de frases que puedes utilizar con personas tóxicas. Su video <u>Frases para desarmar a un narcisista</u> te ayudará mucho a inspirar las palabras adecuadas para cada situación. Veamos algunos ejemplos:

Sabemos que las personas difíciles van a decir cosas para provocar una reacción emocional o respuesta intensa en alguien. No hay ninguna verdad detrás de esas palabras y la preparación mental que hemos trabajado nos permite reconocer esas palabras como vacías y sin sentido. A veces, la mejor forma de tratar con las personas difíciles es simplemente darles la razón, porque así se mantendrá la calma en la situación. Como buscarán una reacción, estas frases les pararán los pies:

- Estoy de acuerdo contigo
- De acuerdo, si eso es lo que sientes
- Tienes razón

Sólo puedes utilizar este tipo de respuestas para cosas que no te importan. Si alguien ataca tus creencias, religión o valores, no debes darle la razón sin más. Por mucho que quieras continuar la conversación hasta que vean tu punto de vista, no va a ocurrir. Así que lo mejor es terminar la conversación cuanto antes:

- No estoy de acuerdo, pero ambos tenemos derecho a opinar
- Tendremos que acordar no estar de acuerdo
- Tu opinión te parecerá correcta

Algunas situaciones requerirán frases con "yo", ya que quieres que el oyente preste atención a cómo te sientes tú y no a cómo te hacen sentir ellos. De este modo no les culpas a ellos, sino que asumes la responsabilidad de tu parte en la situación:

- Tenemos que mejorar nuestra comunicación
- Ambos hemos cometido errores
- Podemos trabajar juntos en esto

También es posible que quieras halagar su ego porque, al fin y al cabo, es lo que necesitan en una relación. Hacer que intervenga y dé su opinión demuestra que valoras lo que tiene que decir. A veces, esto también puede poner de relieve lo ridícula que es su idea o su comportamiento. Aun así, no utilices estas frases si no estás de acuerdo con el plan que se propone:

- ¿Cuál es tu opinión al respecto?
- ¿Crees que es un buen plan?
- ¿Qué te parece si lo intentamos de esta manera?

Las personas tóxicas tienen baja autoestima y habrá ocasiones en que la mejor solución sea reconocerlo e intentar ayudarles a aumentar su autoestima. En lugar de dejar que se sientan ignoradas, demuéstrales que las escuchas y que lo que dicen te importa.

- Oigo lo que dices
- Entiendo de dónde vienes
- Lo respeto (y repite el comentario)

Adapta estas frases a tu situación particular o a la persona con la que trates, pero no olvides practicar su pronunciación en voz alta para que suenen naturales y no forzadas.

Prepara tu piel gruesa para las palabras duras que te dirán

Me sorprende que en inglés, así como en la mayoría de las demás lenguas, haya más palabras negativas que positivas. Hay 7 emociones básicas que se reconocen en la mayoría de las culturas: alegría, miedo, ira, tristeza, asco, vergüenza y culpa. ¿Cuántas ves que sean positivas? No es de extrañar que a la sociedad le resulte más fácil ser negativa que positiva.

El abuso verbal es algo muy real y las palabras hirientes que utilizan las personas tóxicas pueden tener efectos duraderos. Como no podemos controlar lo que dicen los demás, sólo podemos aprender a protegernos de ello. Las contracciones negativas como "No puedes..." y "Tú no..." son dos ejemplos obvios que no parecen tan malos. Sin embargo, después de meses o años de que te digan que no puedes hacer algo, empiezas a creértelo. Aquí tienes otras palabras para las que debes prepararte, de modo que puedas protegerte:

- Tonto/estúpido/necio
- Irresponsable/imprudente/despreocupado
- Eres un fracaso/no sirves para nada
- Avergonzado / avergonzado por ti
- Eres una decepción
- Raro/extraño
- Loco/mal de la cabeza
- Aburrido/gruñón/antisocial
- Vago/inútil/inferior
- Feo/gordo/desaliñado
- Arrogante/mandón
- La palabra odio

Decide ahora cómo vas a responder a cada una de estas palabras. Si alguien te llama vago y sabes que no es cierto, entonces puedes darle la razón e ignorarlo. Si una palabra hiere tus sentimientos, como llamarte feo, sabes que no es verdad pero no es justo que lo toleres, así que defiéndete.

Domina tus habilidades de conversación

Cualquiera puede hablar, pero no todo el mundo se ha tomado el tiempo necesario para dominar las habilidades de conversación. Se trata de una habilidad vital no sólo para las personas tóxicas, sino para la vida. Cuando empieces a liberarte de las personas difíciles, empezarás a crear nuevas relaciones. Las siguientes habilidades de conversación de expertos te ayudarán a ser el maestro de las conversaciones con todo tipo de personas.

1. Escucha de verdad

Todos podemos confesar algún momento en que alguien hablaba y nosotros estábamos pensando en qué cenar. Escuchar es esencial para poder responder adecuadamente. No escuchar conduce a la falta de comunicación y a la frustración.

2. No juzgues a los demás

Cada uno tiene su propia historia, sus propios sufrimientos y sus propias razones. No hagas juicios sobre los demás porque rara vez conocemos la totalidad. Como no nos gusta que la gente haga juicios sobre nosotros, es justo actuar de la misma manera.

3. Sé observador

Es increíble la cantidad de temas de conversación que puedes encontrar cuando eres observador. Cuando prestas atención a lo que lleva la gente, a los logotipos o incluso a los colores, puedes entablar una nueva conversación. Vi a dos mujeres que llevaban una taza de viaje que ponía "En serio". Para mí no tenía sentido, pero en cuanto se dieron cuenta, empezó un gran debate sobre *Grey Anatomy*.

4. El silencio está bien

No sientas la necesidad de forzar una conversación sólo porque temes el silencio. Es perfectamente normal hacer pausas en una conversación, dando a la gente la oportunidad de centrar sus pensamientos.

5. Tener cosas interesantes que decir

Por otro lado, ¡cuidado con los silencios incómodos! El silencio incómodo suele producirse porque la gente se ha quedado sin cosas que decir. Para evitarlo, intenta estar al día de las últimas noticias, pero guarda la información para cuando la conversación se agote.

Sé consciente de tu audiencia, sobre todo cuando se trate de temas como la religión y la política.

6. Pide opiniones

Pedir la opinión de los demás puede darles un verdadero impulso de confianza. A la gente le gusta saber que sus opiniones se valoran. Puedes preguntar sobre restaurantes, libros, televisión. Un consejo: no pidas opinión si no te va a gustar la respuesta y recuerda que no pasa nada si no estás de acuerdo.

7. Ten cuidado con el humor

El humor es como los temas de conversación, tienes que conocer a tu público. No todo el mundo compartirá el mismo sentido del humor, más aún entre culturas diferentes. Dicho esto, el humor es un gran rompehielos y debes sentirte cómodo utilizándolo. Busca chistes o historias limpios y políticamente correctos que gusten al público.

8. Amplía tus respuestas

Las respuestas de una sola palabra pueden parecer un poco groseras. Si alguien te hace una pregunta o te pide tu opinión, amplía tu respuesta para que la conversación pueda ir más allá.

9. Evita el bombardeo de preguntas

Hacer algunas preguntas puede mostrar un interés genuino por la otra persona. El bombardeo de preguntas podría hacerles sentir que están en una entrevista y, si no tienes cuidado, traspasar sus límites. Como norma general, haz preguntas que te sientas cómodo respondiendo.

10. Reconoce las señales de que la conversación ha terminado

Hay una ancianita al final de mi calle y siempre me tomo mi tiempo para charlar con ella, pero sigue hablando, hasta el punto de que yo estoy en mi coche y ella sigue hablando. Si no eres capaz de saber cuándo terminar una conversación, la gente puede ser reacia a iniciar una contigo.

Dado que la forma de tratar a las personas difíciles varía de una relación a otra, debemos examinar más detenidamente métodos específicos para tratar a padres, parejas y amigos. En el próximo capítulo, examinaremos más detenidamente soluciones prácticas para tratar con los seres queridos difíciles de nuestra vida.

CAPÍTULO 11: CÓMO LIDIAR CON PERSONAS DIFÍCILES

En este capítulo, vamos a considerar todo lo aprendido en el capítulo 10 y aplicar esas técnicas para tratar con amigos, parejas y familiares. Recapitulando sobre cómo tratar con personas difíciles en general, recuerda que en primera instancia tienes que elegir las frases adecuadas para cada situación. Profundizaremos más para cada circunstancia.

Tanto si te enfrentas a un cliente imposible como a unos padres autoritarios o a una pareja controladora, vas a tener que prepararte para esas palabras que sabes que hacen daño y defenderte de ellas. Uno de los principales consejos para tratar con personas difíciles es no revelar tus emociones, ya que saben exactamente qué palabras utilizar para hacerte reaccionar.

Por último, convertirte en un maestro de las habilidades de conversación va a mejorar tus relaciones, sobre todo las nuevas. Tus habilidades de conversación son cruciales para tu vida personal y profesional, y harán que aumente tu confianza. Ahora bien, estas técnicas no siempre funcionarán con determinados tipos de personalidad. Por eso, empezaremos por aquí.

Frases poderosas para tratar con personalidades desafiantes

Entre las personalidades desafiantes se incluyen aquellas de las que hemos hablado, como los narcisistas y los manipuladores, y este tipo de personas requieren un tipo de tratamiento especial. Si estás tratando con los tipos de personalidades más desafiantes, pero están haciendo un esfuerzo por mejorar su comportamiento, estas frases también pueden ayudar.

También pueden ser las reinas del drama de nuestras vidas, los sofocadores, los pesimistas y los controladores. Cada una de estas personalidades desafiantes puede aparecer en cualquier ámbito de tu vida. Empezaremos con algunas frases útiles que pueden utilizarse en multitud de situaciones:

- Comprendo que no lo hayas hecho a propósito, sin embargo...
- Te pido disculpas si no me he explicado bien.
- Siento que me hayas entendido mal.
- Entiendo tu punto de vista.
- Agradezco tu opinión.
- Creo que deberíamos hablar más de esto.
- Quizá podamos encontrar un momento para hablar de un compromiso.
- ¿Qué te parece esta idea?
- ¿Cómo te sentirías si hiciéramos X en lugar de Y?
- Veamos los hechos y dejemos un poco de lado las opiniones.
- Respeto que veamos las cosas de forma diferente, pero tenemos que encontrar la forma de superarlo.

- Quiero llegar a una solución contigo, pero sin interrumpirnos mutuamente.

- Me alegro de que hayamos hablado. ¿Hay algo más que quieras decir?

Al igual que con las frases que hemos visto antes y las siguientes, cíñete a aquellas con las que te sientas cómodo, porque tienes que sonar asertivo, seguro y natural. Así que si una frase como "Quizá podamos encontrar un momento para hablar de un compromiso" es exagerada para ti o para la persona con la que hablas, podrías reformularla como "Quizás podamos conversar y encontrar un punto medio".

6 pasos para la Resolución Eficaz de Conflictos y Qué No Hacer

Recuerda que conflicto puede ser un verbo y un sustantivo. Como verbo, entrar en conflicto es ser incompatible o tener diferencias de opinión. El sustantivo conflicto se refiere a una disputa o una discusión. No podemos rehuir los conflictos ni evitarlos. Es más saludable manejar el conflicto en el momento para que la situación no se agrave. Al igual que las habilidades de comunicación, la resolución de conflictos es una valiosa habilidad vital que hay que dominar. Para resolver conflictos, puedes seguir estos 6 sencillos pasos:

1. Pisa el freno y piensa

Todo se reduce a las emociones. Puede que alguien haya dicho o hecho algo que te haya causado dolor y disgusto. Nuestra mente saltará de forma natural a la persona y no a la situación, y cuando te centras en la persona, las emociones tienen la costumbre de tomar el control sobre tu lado lógico. Esto cierra nuestra mente y nos impide ser objetivos. Haz siempre una pausa antes de hablar para mantener la calma.

2. *Amplía tu perspectiva*

A medida que maduramos, somos más capaces de ver las situaciones desde distintos ángulos. Ponerse en el lugar de los demás es una forma estupenda de comprender mejor lo que está ocurriendo realmente y de intentar ver cómo se siente la otra persona.

Un gran consejo profesional es hacer de abogado del diablo contigo mismo: discrepa de tu propia opinión para encontrar otras formas de ver la situación. Si lo haces, puede que al final ni siquiera haya conflicto. Y si lo hay, estarás mejor preparado para afrontarlo.

3. *Ponte de acuerdo sobre el problema*

A continuación, es hora de que ambas o todas las partes definan el problema. Hasta que todos no se pongan de acuerdo sobre el problema, será imposible que se compartan perspectivas y soluciones. Todos deben tener la oportunidad de estar de acuerdo o no en la definición del problema sin dejarse llevar por sus opiniones.

4. *Compartir perspectivas*

La clave aquí es dejar que todos compartan sus opiniones y demostrar que se les escucha. Interrumpir, mirar el teléfono o, en general, mostrarse distante es una forma segura de agraviar a los demás. Sólo cuando todos escuchen atentamente cada idea podrán pasar a las soluciones.

5. *Respeta las soluciones de los demás*

Al igual que las perspectivas, hay que dar a la gente la oportunidad de expresar las ideas que tienen para resolver el conflicto. Volviendo a nuestros derechos humanos básicos, todo el mundo tiene derecho a su opinión y, por tanto, cada una debe ser respetada. Una vez discutidas las soluciones, puedes examinar las posibilidades de compromiso.

6. Acordar la solución final

Una vez que todos han sido un poco flexibles, se puede llegar a una solución que deje a todos contentos. Merece la pena hacer hincapié en la solución y asegurarse de que la persona o personas lo entienden y han dicho todo lo que creen que tienen que decir.

Termina la conversación con una nota positiva como: "Estoy muy contento de que hayamos solucionado esto y sé que podemos volver a hacerlo si es necesario". (Everson, 2014)

Aparte de lo que debes hacer, también hay algunas cosas que no debes hacer cuando intentes resolver conflictos:

- Evita utilizar adverbios extremos de frecuencia como siempre y nunca. Pueden parecer exagerados y desproporcionados.

- No le des vueltas a los asuntos. Cuanto más tiempo pienses en algo, más probable es que se agrande y entonces será más fácil arrastrar asuntos irrelevantes al conflicto.

- Elige un momento que también convenga a las otras partes. A menudo hablamos de elegir un momento en el que estés tranquilo, pero es justo que preguntes a alguien si puedes disponer de unos minutos cuando esté libre, para asegurarte de que también está en el estado de ánimo adecuado.

- No des nada por supuesto. Cuando supones que lo has entendido todo o supones que ellos lo han entendido, existe una gran posibilidad de que todos se vayan pensando que se ha resuelto un problema cuando no es así.

Consejos para enfrentarse a padres difíciles

Tómate un momento para pensar en cómo ves a tus padres. Sé que esto cambia a medida que crecemos y aún más cuando tienes tus propios hijos. Sin embargo, en general, tendemos a olvidar que nuestros padres son humanos, igual que nosotros. Les exigimos mucho porque, al fin y al cabo, deberían saberlo todo. ¿No nos lo dicen siempre?

Si les quitas el elemento paterno, están sujetos a las mismas emociones, las mismas luchas y conflictos que nosotros. La diferencia es que ellos tienen que vivir con el miedo a que sus errores sean juzgados por sus hijos. El primer paso para tratar con padres difíciles es recordar que son humanos y rebajar tus expectativas. Si sabes que un amigo sociópata no va a cambiar, ¿por qué esperas que lo haga un padre sociópata?

Cuando se trata de nuestros padres, una de las técnicas manipuladoras más comunes que utilizan es la culpabilización. Es probable que te pidan que hagas algo y que, cuando digas que no, te rechacen. Cuando te mantienes firme, sale la artillería pesada. Puede que tengas que aguantar frases como "¡No pasa nada! No es que te haya criado durante más de 18 años" o "Tu primo nunca pondría a tu tía en un hogar". Las más cegadoras son "Me lo debes" y "Si me quieres...", y aun así seguimos cayendo en ellas. Tienes que poner fin a esta manipulación emocional. Ellos te quieren, tú les quieres, y nadie necesita demostrártelo. Lo que debes hacer es decirles que sabes lo que intentan hacer y que ya no funcionará.

Si sigues buscando la aprobación de tus padres, es hora de superarlo. A menudo, los padres no aprueban las decisiones que toma su hijo adulto; incluso puede que sientas que intentan revivir su vida a través de la tuya.

Pueden negar su aprobación como forma de castigo o simplemente porque son incapaces de mantener a sus hijos por falta de emociones. En cuanto dejes de buscar la aprobación de tus padres, tus relaciones con ellos serán más sencillas y te resultará más fácil hacerte valer.

En este sentido, sé asertivo con los padres difíciles. No es grosero ni irrespetuoso porque puedes seguir siendo educado, incluso cariñoso. Al mismo tiempo, puedes ser sincero y utilizar frases con "yo" para expresar tus sentimientos.

Deja de lado cualquier suposición; puede que te escuchen, puede que no, la cuestión es que dejes de permitir que controlen tu vida: empodérate y decide el nivel de contacto con el que te sientes cómodo.

Frases poderosas para tratar con padres difíciles

- Siempre te respetaré, pero lo he pensado detenidamente.

- Me siento asfixiado cuando no me dejas espacio.

- Es estupendo que quieras ayudarme en casa, pero tiene que haber límites.

- Sé que estás frustrada, pero no puedes desquitarte conmigo.

- No puedo hacer planes este fin de semana, pero me gustaría hacer algo el fin de semana que viene.

- No toleraré que me insultes.

- Si sigues pasándote de la raya, no vendré a cenar.

- No pasa nada si no estás de acuerdo con mis opiniones, pero debes respetarlas.

Consejos para enfrentarse a los compañeros

Que tu pareja sea difícil no significa que la relación esté condenada. Las razones por las que se enamoraron siguen estando y aun hay mucho por lo que esperar, una vez que hayas aprendido la mejor manera de tratar con ella, al tiempo que proteges tu propia felicidad. Esto empieza por tener muy claro cuál es tu realidad, comprender tus emociones y conocer tus límites.

Tener claras estas cuestiones evitará que entres en su realidad, permitiendo que te haga sentir como si siempre fuera la víctima. Si comprendes mejor tus emociones, te resultará más fácil no dejarte arrastrar por el mismo tipo de comportamiento. Tu inteligencia emocional te mantendrá en el camino correcto para que no te unas a su negatividad.

Tómate un tiempo para hablar con tu pareja sobre sus sentimientos. Puede que tenga algunas emociones reprimidas que estén provocando su comportamiento tóxico. Aunque seas compasivo, tienes que recordar que no te corresponde a ti arreglarles. ¡Tienen que querer hacerlo!

La conversación también tiene que ser equilibrada, por lo que tú también debes tener la oportunidad de hablar de tus sentimientos. En cuanto tu pareja empiece a levantar la voz, se ponga agresiva o te sientas amenazado de algún modo, es el momento de alejarte, al menos durante el tiempo suficiente para calmarte.

Debes resolver el conflicto con un compañero difícil, no des por sentado que ahora que ambos están tranquilos el tema se ha resuelto. Enterrarlo sólo significa que puede volver a surgir en el próximo conflicto.

Vas a necesitar la piel más gruesa posible para las parejas difíciles. Les abrimos nuestro corazón, confiamos en ellos y es increíblemente doloroso cuando los compañeros utilizan palabras para romper nuestro espíritu. A mí me gusta imaginármelo como un partido de tenis mental en el que cada insulto o mentira son las pelotas y mi mente es la raqueta de tenis que las golpea lejos de mí. También puedes practicar la respiración profunda para ayudar a que las palabras fluyan lejos de ti. No te lo tomes como algo personal y recuerda que no es culpa tuya.

Frases poderosas para tratar con compañeros difíciles

- Sé que ambos hemos tenido un día largo, pero encontremos tiempo más tarde para hablar.

- Me encanta que quieras pasar tiempo con tus padres, pero yo también necesito pasar tiempo con los míos.

- Si vas a llegar tarde a casa, avísame. Así no tendré que preocuparme.

- Puedes elegir entre la colada o el aspirado, ¿qué prefieres?

- No me gusta que faltes al respeto a mi autoridad delante de los niños.

- Te he pedido que no levantes la voz. Si continúas, me iré.

- Estoy aquí para ti y quiero ayudarte, pero tenemos que estar juntos en esto.

- Quiero ver tu punto de vista, pero no puedo cuando estás enfadado y gritando.

Consejos para enfrentarse a los amigos

Lo primero que debes tener en cuenta es con qué tipo de amigo estás tratando. De los amigos de amigos y conocidos que son tóxicos, simplemente deberías alejarte. La vida es demasiado corta para dejar que este tipo de personas afecten a tu vida. Nuestros consejos te ayudarán con cualquier tipo de amistad, pero ten en cuenta qué amigos merecen tu energía.

Lo mejor de las amistades es que normalmente no hay un vínculo tan estrecho como con tu pareja o tus padres, porque no vives con ellos. Eso no significa que la relación no sea igual de importante, es como el camino del medio. En la mayoría de los casos, los conoces desde hace años, incluso más que a tu pareja, pero te conocen de forma distinta a tus padres. Los amigos son un buen lugar para empezar a practicar habilidades de comunicación y a establecer límites.

Como en todos los conflictos, tienes que empezar por comprender cómo te sientes y cuál es la causa de tu infelicidad. Conoce lo que quieres decir y practícalo unas cuantas veces, preferiblemente en el espejo para poder ver tu lenguaje corporal. Tienes que comprobar que tus hombros están rectos y que no estás encorvado. Los brazos y las piernas no deben estar cruzados para que parezcas abierto. No te olvides de sonreír. Además de mostrarte seguro de ti mismo, debes parecer cordial.

Llama a tu amigo para acordar una hora y un lugar que les resulten cómodos a los dos. Este lugar debe estar libre de distracciones, así que puede ser una cafetería, pero no la habitual. Es importante que se vean cara a cara en lugar de intentar tratar el problema por mensaje de texto o llamada, porque es fácil que se mal interpreten.

Utiliza la técnica del sándwich: empieza con algo amable y positivo, y sé directo sobre el tema. Tu amigo necesita comprender la raíz del problema y cómo te hace sentir, pero no necesita ver cómo te pones emocional. Enfadarse empeorará las cosas. Anima a tu amigo a responder con su perspectiva y sus sentimientos, ¡y presta atención! Termina tu "sandwich" hablando de cosas positivas, haciendo nuevos planes o hablando de las partes buenas de su amistad.

Frases poderosas para tratar con amigos difíciles

- Siento si esto te parece insignificante, pero...

- Me encanta poder hablar sinceramente contigo.

- Siento que me ignoras cuando intento hablar de mi situación.

- Necesito algo de tiempo antes de tomar una decisión.

- Me divierto mucho contigo, pero me enfado cuando...

- Sé que estás enfadado, pero gritar no va a servir de nada.

- Duele cuando te ríes de mis defectos.

- Entiendo de dónde vienes; sin embargo, me gustaría que pudieras entender mi punto de vista.

Consejos para enfrentarse a los familiares

Los familiares que no son padres son un poco como los amigos. Los conflictos que surjan seguirán causándote estrés, pero es algo más fácil limitar el contacto e incluso romper los lazos si es necesario. Siempre merece la pena intentarlo una vez más para reconducir la relación con los nuevos conocimientos que tienes. Empieza por decidir si ese familiar difícil se está preocupando y lo está haciendo de forma equivocada o si simplemente es tóxico de pura cepa.

Si crees que son tóxicos y manipuladores, sigue las técnicas que hemos visto antes. Si se trata de un familiar que intenta controlarte, asfixiarte o tratarte de un modo que te hiere o te hace sentir incómodo, es hora de trabajar para reforzar tus límites.

Puede que ya hayas intentado establecer tus límites con los miembros de tu familia, pero es posible que no te tomaran en serio.

También es posible que tú mismo no estuvieras seguro de tus límites, y por eso los demás los traspasan. Si crees firmemente que sabes cuáles son tus límites y los has expresado con claridad, ahora sabes que tus consecuencias no existen.

Un consejo que funciona muy bien es escuchar a los familiares como si fuera la primera vez. Después de tantos años oyendo lo mismo, los mismos regaños y quejas, empezamos a desconectar.

Recuerda que, aunque hayan dicho lo mismo numerosas veces, debes escuchar como si fuera la primera vez porque ahora eres una persona diferente.

Eres mentalmente más fuerte, estás tranquilo y controlas tus emociones, y escucharás con una nueva perspectiva y con nuevas ideas sobre cómo manejar la situación (ww.harleytherapy.co.uk.).

Frases poderosas para tratar con familiares

- Respeto que tengas más experiencia, pero voy a hacer las cosas a mi manera.

- Ya te he explicado antes que no me gusta que aparezcas sin avisar.

- Cuando digo que no, es a la actividad, no a ti.

- Necesito tiempo para mí este fin de semana, pero puedo ayudarte durante la semana.

- Necesito que entiendas que, si insistes en insultarme, no me uniré a tus planes.

- Si estás enfadado por algo, estoy aquí para ti, pero no te escucharé si vas a gritar.

- Mi intención no es herirte, pero tampoco andar con pies de plomo.

- Me duelen tus palabras desagradables y te ofrezco la oportunidad de hablar de lo que te molesta.

Consejos para enfrentarse a colegas difíciles

A menudo intentamos adoptar la actitud de salir de la oficina y dejar atrás el trabajo. Si somos sinceros con nosotros mismos, lo que ocurre durante esas ocho horas en el trabajo tiene la costumbre de seguirnos e incluso repercutir en nuestras relaciones personales. Estoy seguro de que no soy la única persona que tiene un colega que se comporta de forma tóxica y que eso haga que al llegar a casa me desquite con un ser querido.

Puede que hayas dedicado años a tu carrera y tengas que ponerte a ti primero. ¿No es justo que antepongas tu carrera, tus responsabilidades y tu reputación? Los colegas tóxicos harán lo que sea para hacerte quedar mal, para quedar mejor ellos o para que tú te sientas mal contigo mismo. El objetivo final es avanzar en su propia carrera.

En cuanto detectes a gente difícil en tu lugar de trabajo, tienes que ponerle fin de inmediato antes de que vaya a más. Aunque el comportamiento parezca trivial -como tomar tu grapadora sin permiso, por ejemplo-, podría ser el comienzo de algo más problemático.

El método más profesional para tratar con colegas difíciles es seguir estrictamente los seis pasos que hemos mencionado antes. Por tanto, párate a pensar, amplía tus perspectivas, ponte de acuerdo sobre el problema y comparte perspectivas. Respeta las ideas que propongan los demás y ponte de acuerdo sobre la solución final, recordando que habrá que llegar a algún compromiso.

El momento oportuno es aún más crucial cuando se trata con colegas difíciles. Aunque tú tengas excelentes dotes de comunicación, puede que tu colega no las tenga. Así que, para evitar montar una escena, no debes llamar la atención sobre su comportamiento, por ejemplo, en medio de una reunión.

Algo que no te hará ningún favor es cotillear el problema con los demás. Desgraciadamente, estás utilizando un comportamiento tóxico para intentar vencer un comportamiento tóxico. Si necesitas comunicar problemas a la dirección, hazlo de forma informativa y no cotilleando. Tómate tu tiempo para preparar lo que tienes que decir sin rodeos. Independientemente de con quién trates, la gente está ocupada y no necesita largas discusiones para algo que podría tratarse en cinco minutos. Si lo haces por correo electrónico, relee el mensaje antes de pulsar enviar para asegurarte de que todo está incluido de una sola vez. Enviar un segundo correo será frustrante para el lector.

Habrás oído que, en las relaciones, nunca deben irse a la cama enfadados el uno con el otro. Intenta seguir el mismo lema en el trabajo. Sé la mejor persona y, al final del día, hazle saber que ha sido estupendo aclarar las cosas o dale las gracias por escucharte. Procura que ambos se vayan a casa con la sensación de que la situación se ha resuelto.

No olvides dejar constancia de todo, sobre todo cuando las cosas empiecen a afectar a otros miembros del personal. Si mantienes una conversación con alguien, es una buena idea enviar un correo electrónico recapitulando los puntos clave. Es una buena forma de volver a comprobar que ambos están de acuerdo, pero también tienes una copia digital por si más adelante se cuestiona tu integridad.

Frases poderosas para tratar con colegas

- Quiero hablar contigo sobre un asunto que afecta a todo el equipo.

- Me molesta que me critiques delante de los demás.

- Ese tipo de humor no me parece adecuado para la oficina.

- Entiendo que te sientas cómodo saltándote las normas, pero no es justo para los demás.

- Por favor, evita enviar mensajes y correos electrónicos no relacionados con el trabajo, ya que estoy demasiado ocupado para leerlos todos.

- Me gustan mis compañeros y no quiero oír cosas desagradables sobre ellos.

- No toleraré puñaladas por la espalda ni juegos mentales para avanzar en tu carrera.

- Sé que eres muy inteligente y tienes mucha experiencia, sin embargo, yo también tengo opiniones valiosas que me gustaría que tuvieras en cuenta.

Solución de problemas: Poner las técnicas en contexto

Veamos tres situaciones diferentes y cómo podríamos resolver eficazmente los conflictos, aunque ya se hayan hecho esfuerzos antes.

Cloe está convencida de que su marido tiene una aventura. Está muy desafecto y distante. Su excusa habitual es que está cansado por el trabajo. Pasan poco tiempo juntos. A pesar de que existen muchas otras razones, ella supone que se trata de una aventura. Al principio, ella no mantiene una conversación con él, sino que le sugiere distintas cosas que pueden hacer juntos. Esto la hace parecer necesitada y aleja más a su marido y, a su vez, ella se vuelve más emocional.

Cloe debería considerar primero las cosas desde todos los ángulos posibles, en particular, el peor de los casos, para estar preparada. No se trata de pensar en cómo se sentiría ella si se separaran, sino en el aspecto práctico de las cosas. Luego tiene que encontrar el momento ideal para que hablen, por lo que pedirle a su marido que opine sobre el momento también es importante. Es importante no hacerlo de forma dramática, porque no quiere que su marido tema la conversación. Mientras tanto, Cloe prepara sus pensamientos. Algunas frases pueden ser

- En este momento me siento muy excluida y no siento ninguna conexión entre nosotros.

- Sé que no he sido la mejor comunicando mis preocupaciones, pero te agradecería que intentaras ver mi punto de vista.

- Entiendo que trabajes duro, pero nuestra relación tiene que ser lo primero.

- Me gustaría que me contaras tus problemas para que pueda entenderte.

Seamos realistas, su marido podría darse la vuelta y decir que ya no la quiere y que ha conocido a otra persona, o podría explicarle que su jefe le ha puesto plazos extremos, pero que el mes que viene dispondrá de días de vacaciones extra. Además de no comunicarse adecuadamente, Cloe cometió el error habitual de jugar a leer la mente y hacer suposiciones peligrosas.

Jimmy está harto de su colega bocazas que menosprecia a todo el mundo, pero luego hace la pelota a la dirección. Es un increíble

Jekyll y Hyde y nunca sabes qué lado de él vas a ver. Jimmy ha hecho comentarios sarcásticos sobre el comportamiento de sus compañeros, pero cualquier crítica es como agua de borrajas.

Cuando el jefe empieza a mostrar favoritismo hacia el colega cínico, la tensión en la oficina empieza a aumentar. Este compañero no tiene ningún interés en rectificar su comportamiento porque tiene una agenda estricta para su promoción profesional.

Los comentarios sarcásticos e incluso directos no surten efecto, así que Jimmy tiene que encontrar la forma de que las tareas y responsabilidades sigan siendo equitativas en la oficina, de modo que, aunque el comportamiento frustre a la gente, no afecte a la productividad del equipo. Obviamente, no tiene mucho sentido hablar con el jefe, ya que el colega ha manipulado su forma de ver las cosas. Jimmy idea un plan para introducir un software de gestión de proyectos y habla con los miembros del equipo, que también quieren resolver este comportamiento. Con el software de gestión de proyectos, a cada miembro del equipo se le delegan tareas y plazos y es fácil ver quién hace qué y cuándo. El jefe obtiene una visión completa y hay una copia digital de las tareas y las comunicaciones.

Carl está muy unido a su primo. Salen juntos, hacen ejercicio juntos, etc. En general, tienen una gran relación. Sin embargo, el primo de Carl tiene la costumbre de hablar mal constantemente de Carl delante de las mujeres con las que sale. Al principio, eran pequeñas insinuaciones humorísticas, pero llegó un punto en que afectaba negativamente a sus relaciones, provocaba discusiones e, inevitablemente, las relaciones terminaban. Carl intentó mantener una conversación, pero su primo le acusó de ser hipersensible y le dijo que por eso se acababan sus relaciones. Este gaslighting hizo que Carl dudara de si el problema era como él lo estaba viendo.

Carl tiene que pasar primero por una especie de revisión de la realidad y, al cuestionarse sus niveles de sensibilidad, echa la vista atrás a sus relaciones para ver si es algo que sus ex novias habían mencionado. Como no era así, Carl tuvo que trabajar para protegerse de los insultos que sabía que no eran ciertos.

Carl debe mantener otra conversación con su primo, pero esta vez intentando empatizar con él. Como no hay nada de verdad detrás de sus insultos, puede que haya una razón subyacente para los insultos del primo. Tras utilizar frases con "yo" para asegurarse de que su primo es plenamente consciente de su comportamiento, Carl puede preguntarle qué le molesta o si hay algún problema para el que necesite ayuda. Una conversación franca podría bastar para que el primo se abriera y mejorara la relación. En cualquier caso, Carl debe establecer un límite y una consecuencia. Por ejemplo: "Puedo soportar alguna que otra broma, siempre que sea divertida. Pero si tus bromas se convierten en insultos, dejaré de presentarte a mis amigas".

Con la mayoría de las personas difíciles, estas técnicas llegarán al fondo de los problemas y te permitirán seguir adelante, con la opción de volver a abordar las cuestiones en el futuro si es necesario. De ti depende decidir si estas personas se esfuerzan por mejorar su comportamiento o no. Si pasa algún tiempo y ves que se repiten los mismos comportamientos, o que tus niveles de estrés no han mejorado, es hora de plantearse poner distancia entre ustedes o romper el contacto por completo. Sé que siempre tenemos la esperanza de que la gente cambie, pero es esencial recordar que las tensiones emocionales que sientes no desaparecerán de la noche a la mañana. Cuanto más dure el conflicto, más difícil será superarlo a largo plazo.

CAPÍTULO 12: LOS EFECTOS DURADEROS DEL MALTRATO EMOCIONAL

Hasta este momento, nos hemos centrado en técnicas y estrategias para lidiar con las personas difíciles y tóxicas de nuestra vida. Pero, esto es sólo el primer paso de recuperar el control de tu vida y ser feliz.

El impacto que estas personas tienen en ti no desaparece porque aprendas cómo manejarlas. El maltrato emocional tiene efectos a corto y largo plazo y es necesario abordarlos.

Este capítulo te dará herramientas para que dirijas la atención hacia ti y puedas limpiarte emocionalmente y estar preparado para un nuevo comienzo.

Es posible que ni siquiera seas consciente del daño que ha causado este comportamiento tóxico. El abuso emocional no es como el abuso físico, no hay cortes ni cicatrices que ver. La conciencia del abuso emocional es esencial para que puedas enfocar tu energía en la dirección correcta para un cambio positivo.

Los efectos secundarios a corto plazo del maltrato emocional

Al principio, puede que el comportamiento de tu ser querido te sorprenda por completo, sobre todo si es algo que ha ocurrido de repente. Puedes sentirte conmocionado y confuso. Hombre o mujer, puede que llores con frecuencia. Es importante que tengas cuidado de que esto no repercuta en tu sueño. La falta de sueño puede convertirse rápidamente en problemas físicos, además de dificultar la atención a tus necesidades emocionales.

Es perfectamente normal sentirse ansioso o incluso asustado por no saber qué tipo de comportamiento se va a producir a continuación. Si la ansiedad no se controla, puede convertirse en ataques de pánico, de nuevo una reacción física al miedo o la ansiedad. Los signos de un ataque de pánico incluyen sudoración, escalofríos o sofocos, mareos o temblores, palpitaciones e hiperventilación.

Los efectos secundarios a corto plazo del maltrato emocional pueden ir de un extremo a otro. Puede que te vuelvas agresivo (un mecanismo de defensa tras el maltrato), o que acabes sintiéndote completamente impotente, como si no pudieras hacer nada bien. Tu confianza puede estar tan destrozada que evites el contacto visual, o te vuelvas más pasivo de lo habitual.

Algunas personas sentirán una mezcla de desesperanza e impotencia. Aunque son similares, no son lo mismo. Ser impotente significa que no eres capaz de cambiar una situación. La desesperanza es cuando has perdido la esperanza de cambiar.

Aunque sin razón, las personas que han sufrido abusos suelen sentirse culpables, como si fuera culpa suya. O es posible sentir vergüenza y humillación, cuestionándote por qué "dejaste" que ocurriera el abuso, aunque tu mente lógica te dirá que tú no dejaste que ocurriera nada, ya que el comportamiento es responsabilidad de la otra persona.

Por último, a corto plazo, puedes luchar con sentimientos de soledad. Si se trata de una pareja, es habitual asumir que permanecerás solo el resto de tu vida. Si el maltratador es un amigo, también puedes empezar a cuestionarte tus otras amistades. No es sorprendente que las personas maltratadas puedan sentirse poco queridas y atractivas.

Probablemente te hayas enseñado a poner cara de valiente, a reprimir esas emociones para que los demás no vean tu sufrimiento. Con el tiempo, sin embargo, no podrás ocultar la carga emocional del maltrato, ni deberías hacerlo. Por un lado, no es justo para ti.

Por otro, todavía hay personas en tu vida que se preocupan por ti y no quieren verte sufrir de esta manera.

La tensión del abuso emocional puede provocar mal humor. Sé por experiencia propia que esto sólo hace que te sientas peor, porque ahora tienes la culpa de haberte ensañado con otros que quizá no hayan hecho nada malo. Además de que la ansiedad te hace dormir mal, puede que tengas malos sueños, o incluso pesadillas.

Debido a la falta de sueño y a la tensión emocional a la que estás sometido, no tardarás en tener dificultades para concentrarte. Por mucho que intentes centrarte, por ejemplo, en el trabajo, tu mente volverá disparada a los problemas por los que has pasado.

Algunas personas sufren dolores de cabeza o tensión muscular, sobre todo en el cuello y los hombros. Es casi como si pudieras sentir el maltrato emocional acumulándose en tus músculos. Y, sí, lo más probable es que estos dolores también afecten a tu sueño.

Los efectos secundarios a largo plazo del maltrato emocional

Si no se resuelven, los efectos secundarios a corto plazo no desaparecerán sin más. Es más probable que se conviertan en algo más grave. Todos los efectos secundarios a corto plazo pueden manifestarse rápidamente en una mayor ansiedad y/o depresión. Los trastornos del sueño pueden provocar una mayor inestabilidad emocional y contribuir también a la falta de energía que puedas estar experimentando. Las primeras oleadas de baja autoestima pueden convertirse en problemas más graves, como ansiedad social y retraimiento. Las dificultades de concentración pueden agravarse y afectar a tu capacidad para recordar cosas y tomar las decisiones adecuadas.

Ten cuidado con la negación. Esta es importante porque muchas personas no logran entender el espectro de la depresión.

Puedes tener una tristeza muy fuerte o una sensación de vacío y negar el hecho de que pueda ser depresión. Aunque muchos imaginan la depresión como grandes ataques de pensamientos y sentimientos pesimistas y pesados, hay varios tipos, que van desde la tristeza constante a los pensamientos de suicidio o intento de suicidio. Echemos un rápido vistazo a algunos de los tipos más comunes de depresión:

Depresión grave: Es cuando los síntomas anteriores se sienten la mayor parte del tiempo y durante la mayor parte de los días.

Trastorno depresivo persistente: Se define como persistente una depresión que dura dos o más años, que también puede desglosarse en distimia (depresión persistente de bajo grado) o depresión mayor crónica.

Depresión maníaca: El término preferido hoy en día es trastorno bipolar, pero implica sentirse extremadamente enérgico y positivo un minuto y luego experimentar momentos bajos de gran depresión.

Trastorno afectivo estacional: Apropiadamente abreviado como TAE, este tipo de depresión mayor se produce durante los meses en que hay menos luz.

Depresión psicótica: Cuando los síntomas de la depresión mayor van acompañados de síntomas psicóticos como alucinaciones, delirios y paranoia.

Depresión posparto: La depresión posparto suele estar relacionada con el parto, pero eso no quiere decir que las relaciones tóxicas no contribuyan. También es importante reconocer que no es sólo un tipo de depresión que sufran las mujeres. Aproximadamente 1 de cada 10 hombres sufre depresión posparto en las semanas y meses posteriores a la llegada de un bebé (WebMD, 2020).

Depresión situacional: También conocida como síndrome de respuesta al estrés, ciertos acontecimientos importantes de nuestra vida pueden provocar grandes cantidades de estrés y depresión.

Depresión atípica: Como su nombre indica, no es la típica depresión de tristeza constante o de sentirse decaído, porque tu estado de ánimo mejorará con las cosas positivas que te ocurran en la vida, aunque esta explosión de felicidad no sea permanente.

No importa lo grave que sea tu nivel de depresión, debes visitar a tu médico. Hoy en día existen muchos tipos de terapias y no sólo antidepresivos. No vas a "quitártela de encima" ni a superarla, y lo último que quieres es ignorar la depresión hasta el punto de plantearte acabar con tu propia vida. Hablando desde el corazón, nunca es tan malo como crees, siempre que estés abierto a recibir ayuda, y no hay que avergonzarse de recibirla. Ahora mismo es casi imposible ver el lado positivo, pero a partir de ahora todo irá a mejor, porque tú has elegido que sea así.

Tanto los acontecimientos traumáticos como el estrés pueden provocar insomnio. Para que se diagnostique un trastorno del sueño, los insomnes tendrán dificultades para dormir durante un mínimo de tres noches a la semana durante tres meses. Estas dificultades del sueño pueden estar relacionadas con conciliar el sueño, permanecer dormido, o ambas cosas. Se calcula que un tercio de los adultos presentan síntomas de insomnio y que entre el 6 y el 10% cumplen los criterios del trastorno del insomnio (Asociación Americana de Psiquiatría, 2013). El insomnio está muy relacionado con los cambios de humor y la irritabilidad, y va a repercutir en tu capacidad de concentración.

Todos experimentamos algún dolor inexplicable de vez en cuando y, como es físico, no lo relacionamos con el maltrato emocional que hemos sufrido. El sistema nervioso sigue enviando señales de dolor, aunque no haya ninguna razón para ello. A veces, puede producirse en la misma zona que una antigua lesión que se curó hace mucho tiempo o puede ser completamente aleatorio. Las investigaciones demuestran que existe una conexión entre los traumatismos y el dolor crónico. Hay una teoría detrás de esto: el cuerpo ha estado tan acostumbrado a una respuesta de estrés exacerbada debido al entorno peligroso o tóxico y la respuesta al estrés se vuelve anormal y se manifiesta en dolor.

También hay muchos vínculos entre los efectos a largo plazo del maltrato emocional. El dolor crónico puede estar relacionado con la depresión, el insomnio afecta a la concentración y esa sensación general de no tener energía ni motivación. Tanto el insomnio como el dolor crónico tienen conexiones con el trastorno de estrés postraumático, TEPT. Los niños que estuvieron expuestos a malos tratos y llegaron a padecer TEPT mostraron un peor funcionamiento relacionado con el dolor y la capacidad de gestionar tareas rutinarias. Entre el 60-90% de las personas con TEPT padecen también insomnio (Ohayan, 2000). Las personas con TEPT también tienen más probabilidades de intentar suicidarse, y un estudio muestra que alrededor del 27% de los afectados han intentado suicidarse en algún momento de su vida (Ramsawh, Fullerton, Mash, 2014).

El último efecto a largo plazo del maltrato emocional es el retraimiento social. Los seres humanos somos criaturas sociales, animales de manada por así decirlo. Necesitamos las interacciones sociales para mejorar nuestro estado de ánimo, aumentar la salud cerebral y potenciar nuestra sensación de seguridad. Cuando nuestro yo emocional ha recibido una fuerte paliza, también lo hacen nuestra confianza y autoestima. Puede que te des cuenta de que ya no te apetece hacer tus antiguas aficiones y actividades, cerrándote a la gente. La falta de energía te disuade de salir con amigos y, en general, no te sientes cómodo en situaciones sociales. Te parece más seguro alejarte de la gente para que no te vuelvan a hacer daño, sin embargo, ocurrirá lo contrario. Deberíamos distanciarnos de quienes son tóxicos y rodearnos de personas positivas que nos apoyen, para poder fortalecernos y aprovechar las interacciones sociales.

Los efectos secundarios a corto y largo plazo son interdependientes: no todos encajan en cajitas ordenadas con tapas herméticas. Muchos de los síntomas estarán relacionados entre sí. Puedes presentar sólo uno o dos síntomas o varios a la vez. Hay cosas que puedes hacer para empezar a curarte del maltrato emocional, y las veremos en el capítulo siguiente.

No obstante, y sé que me repito, pero es así de importante, si te preocupa algo, acude a un profesional médico. Nada es demasiado trivial y, con la amplia gama de ayudas disponibles hoy en día, los beneficios de cuidarte mejor y buscar ayuda profesional acelerarán tu proceso de curación y te asegurarán que sigues por el buen camino.

CAPÍTULO 13: CONSEJOS PARA UNA RECUPERACIÓN EXITOSA

Éste será un capítulo breve pero muy importante. Luego de haber examinado detenidamente las repercusiones del abuso emocional, tenemos 20 consejos sobre cómo superar estos efectos secundarios mientras comienzas a poner cada vez más distancia entre tú y tu entorno tóxico:

1. Reconoce el maltrato

Las emociones negativas relacionadas con el abuso pueden llevarnos a menudo a un estado de negación, vergüenza e incluso humillación.

Por ello, es más fácil ignorar los síntomas del maltrato que admitir que se están produciendo. Esencialmente, si no reconoces que está roto, no podrás empezar a arreglarlo -o, en este caso, a curarlo.

2. Define una relación sana

Si llevas mucho tiempo atrapado en una relación insana, es difícil ver con claridad lo que constituye una relación sana. Ya se trate de tu pareja, un amigo o un familiar, deberías ser capaz de decir no sin sentirte mal, expresar abiertamente tus necesidades y sentimientos, y ser capaz de resolver conflictos.

También es cierto que habrá aspectos personales que te gustaría ver en tus relaciones sanas, como el humor o la igualdad.

3. Elige

El maltrato es un ciclo: nosotros decimos que no, ellos se disculpan, aunque nunca lo digan en serio, o fingen un cambio durante un tiempo antes de que el maltrato vuelva a empezar.

Sólo tú tienes el poder (y lo tienes dentro de ti) de detener el ciclo. Toma esta decisión necesaria, hazla tuya, siéntete orgulloso de ella y, sobre todo, cúmplela.

4. Ten cuidado

Si temes por tu seguridad de algún modo, aunque sea el más mínimo, tienes que encontrar un lugar seguro. Es duro, pero quedarte podría hacer que tú o tus hijos acaben en el hospital y nunca merece la pena quedarse.

Si no tienes un amigo o familiar en quien confíes, puedes acudir a la policía y/o a grupos de apoyo locales. Intenta buscar grupos de apoyo de tu zona en Facebook.

5. Encuentra tu grupo de apoyo

El apoyo viene en muchas formas y tamaños, e incluso en lugares que quizá no imaginas. La ayuda profesional es un buen punto de partida para la curación emocional.

Si no te sientes cómodo hablando con gente que conoces, de nuevo, los grupos de Facebook son un ejemplo excelente de personas que se unen para ayudarse mutuamente.

Incluso tus vecinos pueden escucharte y darte buenos consejos.

6. Comprométete a no ser una víctima

Escribe una carta de compromiso contigo mismo. Entiendo que a algunos les parezca un poco cursi, pero puede que te sorprendan gratamente los beneficios. Una carta de compromiso puede ser una lista de afirmaciones del tipo "No lo haré". Por ejemplo: "No dejaré que los demás dicten mi vida" o "No toleraré el tratamiento silencioso".

7. Recuérdate que no eres responsable de la persona tóxica

Ya hemos dicho bastantes veces que no eres responsable del comportamiento de una persona tóxica, pero, de hecho, no eres responsable de ella en absoluto. Son adultos plenamente funcionales que también tienen opciones. No permitas que te manipulen para que te quedes o hagas cosas porque te necesitan o porque no pueden sobrevivir sin ti, ya que esto no es una relación sana.

8. Procesa y comparte tus abusos

A algunas personas les gustan las actividades físicas para procesar sus abusos. A mí la natación me limpia mucho la mente y, físicamente, me siento mejor. Otras recurren al arte, la música o escribir un diario. Compartir tus abusos con tu grupo de apoyo es una forma maravillosa de procesar lo que has vivido sin que nadie te juzgue.

9. Sé amable con tu yo físico

Tu cuerpo te necesita ahora más que nunca. Cuidar de tu cuerpo forma parte del autocuidado y a menudo son las cosas sencillas las que empezarán a marcar una gran diferencia, como comer bien, beber mucha agua y descansar cuando sea necesario.

Sal para pasear y contempla la naturaleza, medita o disfruta de un baño relajante. Tómate tiempo para hacer las cosas que te gustan, ya sea leer un libro o ver una película. No olvides consultar a un médico sobre tus síntomas físicos y emocionales.

10. Recuerda tus desencadenantes y límites

Ya hemos hablado largo y tendido de ambos, pero estas estrategias son esenciales para tu recuperación. Una vez que hayas reconocido tus desencadenantes y determinado tus límites, recuerda comprobarlos regularmente para ver si necesitan actualizarse.

11. Di lo que no vas a tolerar

Otra parte de la ruptura del ciclo del abuso consiste en defenderte a ti mismo respecto al comportamiento que no vas a tolerar.

Las personas tóxicas confían en que les permitas insultarte o herirte para sentirse mejor. En cuanto pongas fin a esto, notarás más equilibrio en la relación.

12. Comprende que no es culpa tuya

Puedes admitir que has cometido errores en la forma en que has manejado a las personas tóxicas en el pasado, pero eso no significa que la situación en la que te encuentras ahora sea culpa tuya.

Es más que probable que las personas tóxicas de tu vida padezcan un trastorno mental: tú no lo has creado, ni lo has fomentado.

13. Libérate de la culpa y la vergüenza

Del mismo modo que la situación no es culpa tuya, no hay motivo para que sientas culpa o vergüenza.

Procesar tus experiencias traumáticas te ayudará a superar estos sentimientos, permitiéndote seguir adelante.

14. Encuentra cosas que te hagan feliz

Probablemente hace tiempo que no dedicas tiempo a hacer cosas que te hacen feliz, incluso puede que hayas olvidado exactamente qué es eso. Piensa en una época de tu vida anterior a la toxicidad. ¿Qué te gustaba hacer? ¿Hay cosas que siempre has querido probar? No hace falta que te gastes mucho dinero, puede ser algo tan sencillo como coger el coche y explorar una zona nueva, aprender a cocinar o empezar una nueva serie.

15. Decide en quién puedes confiar

Es normal que estés en una etapa de no confiar en nadie. La verdad es que hay maltratadores y maltratados, pero también hay muchas otras personas en el mundo que no son ni lo uno ni lo otro. Crea dos listas, una con las personas en las que puedes confiar y otra con las que no. No ocurrirá de la noche a la mañana, pero poco a poco, trabaja para permitirte confiar en esas personas.

16. Siéntete cómodo estando solo

Existe una delgada línea entre pasar algún tiempo de calidad a solas y el retraimiento social. El objetivo no es aprender a hacerlo todo solo.

Se trata de sentirte cómodo haciendo las cosas cotidianas solo, antes de llegar a las cosas más importantes. El tiempo a solas aumenta la empatía, la productividad, la creatividad y la fortaleza mental.

Disfruta de la paz de dar un paseo en silencio, y llega a salir a cenar solo. Debo decir que una de las experiencias más fortalecedoras de mi vida fue irme de vacaciones sola.

17. Descubre formas de aumentar tu confianza

Cada estrategia que intentas es un paso hacia una versión de ti más segura de sí misma. Encontrar tu felicidad también empezará a aumentar tu confianza, pero por ahora, deja de compararte con los demás. Ten cuidado con las redes sociales porque la gente rara vez publica la versión real de los hechos y miramos la vida de los demás y desearíamos parecernos más a ellos. Nunca sabemos lo que ocurre realmente detrás de cada publicación, así que redirige tu energía hacia tu propia vida. Escribe listas de tareas para que puedas ver que estás consiguiendo cosas.

18. Date tiempo

No lo llaman efectos secundarios a largo plazo porque sí. Tu compromiso y determinación son encomiables y deberías estar orgulloso de ello. Sin embargo, deja tiempo para la curación. A algunos les puede llevar un par de meses, a otros años. ¡No hay prisa! Lo más importante es que estás progresando.

19. Controla tu capacidad para tomar decisiones

Esta es una buena forma de recordarte lo lejos que has llegado. Puede que te hayas dado cuenta de que, al principio, lo cuestionabas todo, sobre todo si tu maltratador era un gaslighter. Esto habría hecho que no confiaras en tus instintos. La falta de sueño y la tensión emocional también afectan a tu capacidad para tomar decisiones. Pero, cuando empieces a dejar atrás el maltrato emocional, te darás cuenta de que tu toma de decisiones es más fiable, otra forma de aumentar tu confianza.

20. Encuentra lo que funciona para ti

Este libro está lleno de consejos no sólo para distintos tipos de maltrato, sino también para distintos tipos de personalidades. Conozco a personas a las que han ayudado los antidepresivos y a otras que no experimentaron ninguna diferencia; para otras, la terapia fue la solución. Puede que a ti te haga gracia la idea de la meditación, mientras que otros piensen que no tiene sentido caminar durante 4 horas. Todos somos individuos y debemos respetar que nos curaremos de formas distintas. Dale tiempo a cada técnica antes de descartarla y anota en tu diario los efectos de las distintas estrategias que utilices. Puede que dentro de seis meses una técnica tenga un efecto distinto, por lo que es útil llevar la cuenta.

Estamos llegando al final, pero el último capítulo es otro que está dedicado a ti, y a lo que puedes hacer para recuperar el control en tu vida.

CAPÍTULO 14: SÉ EL DUEÑO DE TU PROPIA VIDA

A este punto, considero que los lectores tienen una comprensión mucho más clara de los desafíos que enfrentarán, así como de los peligros de ignorarlos. Tras una profunda introspección, deben contar con un plan efectivo para comenzar a eliminar tanto a las personas como los comportamientos tóxicos de sus vidas. Reconozco que es natural sentir ciertos nervios y que no todas las técnicas se dominan por completo. Este capítulo final representa ese último empujón hacia la cima de la montaña, donde podrás disfrutar de las impresionantes vistas que te rodean.

¿Por qué hay personas que no apoyan mis decisiones?

Hay muchas respuestas a esta pregunta. Es increíble cuánta gente hay en el mundo que es incapaz de ver las cosas desde el punto de vista de otra persona.

Puede que tu ser querido intente de verdad comprender las decisiones que tomas, pero no puede. Puede que esté tan preocupado por ti que esa preocupación se perciba como una falta de apoyo. Puede tener una necesidad muy arraigada de tener razón y, por tanto, tus decisiones siempre van a ser erróneas. Como hemos visto con las personas tóxicas, es poco probable que apoyen las decisiones que tomas porque el resultado final es que pierden el control sobre ti.

Cuando la gente no te apoya, incluso los más cercanos que siempre deberían cubrirte las espaldas, tienes que aceptarlo como parte de la vida normal en lugar de luchar contra ello. No es tu trabajo impresionar a los demás ni tomar decisiones que beneficien continuamente a los demás. Es una pena, pero puede que ni siquiera los que te conocen desde hace más tiempo se hagan a la idea de que sabes lo que es mejor para tu propia vida. Y no pasa nada.

Intenta empatizar, porque es una forma de elevarnos por encima de las personas que no nos apoyan. Quizá se sientan inseguros, envidiosos o asustados por las cosas nuevas que quieres probar. Intenta explicarles las cosas de otra manera para ver si eso les ayuda a comprender, pero debes saber cuándo poner un límite y aceptarlo.

Lo que debes hacer es recordar que ya has perdido demasiado tiempo complaciendo las necesidades de las personas tóxicas de tu vida. No hay tiempo ni energía suficientes para dedicar un minuto más a explicar tus razones a personas que no van a respetarlas.

"Tu vida está hecha de dos fechas y un guión. Aprovecha el guion".

— LINDA ELLIS

¿Qué vas a hacer con tu guion? Aunque hayas decidido librarte del comportamiento tóxico, también tienes que dejar de intentar complacer a todos los demás y empezar a dar prioridad a tus pasiones y sueños.

Hacer las cosas que llenan tu corazón de motivación, alegría y amor es lo que te ayudará a vivir una vida plena que no esté llena de arrepentimientos y de "y si...".

Puede que todavía te cueste imaginártelo, pero puedes hacer todo lo que te propongas. No debería haber nada que te lo impida, sobre todo las dudas sobre ti mismo. Elige a cualquier persona inspiradora: Halle Berry durmió una vez en un albergue para indigentes, J.K. Rowling era una madre soltera que luchaba por pagar el alquiler, Steve Jobs abandonó la universidad tras un semestre y se hizo millonario a los 23 años, Ray Charles, Einstein...

Podría seguir. Cada uno de ellos tuvo grandes reveses y se labró su propio camino lejos de sus dificultades. Puedes hacer lo que quieras con tu guion y puedes hacerlo sin el apoyo de los demás, y desde luego no necesitas que proyecten sus limitaciones sobre ti.

Por qué necesitas ser dueño de tu propia vida

Ser dueño de tu propia vida consiste en centrarte en ti mismo y estar agradecido por dónde estás en este momento. Se trata de recuperar el control y protegerlo para que nadie pueda arrebatártelo en el futuro.

Además, consigues vivir tu vida según tus propios valores, creencias y normas, lo que aumenta la confianza y la capacidad de quererte a ti mismo.

A veces, ser dueño de tu propia vida empieza por aceptar la responsabilidad de dónde estás hoy y dejar de culpar a los demás. Sí, puede que tuvieras una infancia dura, pero tus padres hicieron lo mejor que pudieron con lo que tenían en aquel momento.

Puede que el dinero escasee, pero puedes responsabilizarte de tu presupuesto y hacer cambios. Has cometido errores, has estado con la gente equivocada, has tolerado demasiado, sea lo que sea, asúmelo. Lo que ha ocurrido en el pasado no es una señal de lo que ocurrirá en el futuro, porque cada día es un nuevo comienzo con nuevas oportunidades.

Recuerda que empezamos examinando nuestra propia negatividad. Ahora es el momento de volver a comprobar tu actitud y ver si esos pensamientos negativos están apareciendo de vez en cuando.

Puede que tengas que seguir forzando los pensamientos positivos durante un tiempo, hasta que te resulte más fácil dejar atrás las ideas negativas, antes de que acabes por no verte afectado por la mayor parte de la negatividad.

Cómo ser dueño de tu propia vida

1. Sé más intencional con tu tiempo y tu perspectiva

El desayuno es la comida más importante del día, pero tus mañanas también lo son. Sabes que cuando tu mañana empieza bien, el resto del día tiende a seguir el mismo camino.

Tener una rutina matutina te garantiza empezar el día con una comida sana, algo de ejercicio o meditando. Es un tiempo precioso para la preparación y la calma. Para la preparación mental, puedes elaborar tu lista de tareas y comprobar tus objetivos.

Puedes tener la intención de mantener una actitud positiva y alejarte de la gente negativa, incluso de las noticias negativas.

Cuando eres intencionado con la información que compartes, es más fácil mantener la negatividad fuera de tu vida.

2. *Ser más disciplinado*

Aumentar tu autodisciplina es algo más que una forma de conseguir tus objetivos eliminando distracciones y tentaciones. Se trata de mejorar tu capacidad de recuperación ante distintas situaciones. Cuando eres más disciplinado, tienes más control sobre tu vida y esto tendrá un efecto muy positivo en tus niveles de ansiedad.

Los objetivos son motivadores, una gran ayuda para nuestra disciplina. Empieza fijándote pequeños objetivos que sean fáciles de alcanzar. Tu confianza aumentará con cada pequeño objetivo que consigas y pronto abordarás los más grandes.

Mantén tus objetivos donde puedas verlos. Yo sigo prefiriendo el lápiz y el papel, pero conozco a otras personas que crean listas en su teléfono para los objetivos. Tanto si se trata de tu lista de tareas pendientes como de tus objetivos, asegúrate de establecer prioridades.

Para esos días en los que no encuentras la motivación, tienes que obligarte a levantarte y pasar a la acción. No hay tiempo para excusas ni para sentir lástima por tu situación. Cuenta hacia atrás desde diez, visualízate consiguiendo tu objetivo y levántate.

3. *Trátate como si fueras un invitado*

Si alguna vez has recibido visitas, sabrás que se produce una loca carrera de orden, limpieza y riego de las plantas. Se prepara la mejor comida y se abre el mejor vino. Pero ¿por qué no nos tratamos a nosotros mismos de la misma manera?

Incluso un comportamiento así demuestra que anteponemos a los demás a nosotros mismos. De hecho, tener una casa bien organizada y limpia es sumamente importante para tu autocuidado, y una casa desordenada ayuda a tener una mente desordenada. Tómate un tiempo para desordenar tu casa y, cada vez que salgas de ella, hazlo como si te estuvieras preparando para recibir a un invitado. Volver a casa será mucho más gratificante.

4. Prueba nuevas experiencias

No a todo el mundo le apasiona probar cosas nuevas. Implica salir de nuestra zona de confort. Podemos sentir que estamos destinados al fracaso, que no somos lo bastante buenos o que no tenemos la habilidad o los conocimientos necesarios. Tales creencias sólo nos apartarán de un mundo lleno de experiencias asombrosas, y debemos salir ahí fuera y explorar las cosas más asombrosas del mundo.

De nuevo, empieza con pasos de bebé. Planta algunas semillas y mira qué crece, monta a caballo, come platos nuevos. Un famoso entrenador de halterofilia tenía unas sabias palabras: "Lo siento, no eres lo bastante bueno para estar decepcionado". (Dan John). Suena duro, pero como no tenemos experiencia con las cosas nuevas que probamos, no hay justificación para nuestra decepción. Si tras diez años de jardinería tus semillas siguen sin crecer, ¡entonces puedes estar decepcionado!

5. Acepta las lecciones de la vida

Recientemente he cultivado mis primeros pimientos, así que seguiré con mi analogía de las semillas. He intentado cultivar muchas cosas y nada ha salido del todo bien. Me di cuenta de que los había plantado en la estación equivocada, había ahogado las semillas, las había dejado al sol y luego a la lluvia, etc. Finalmente, lo conseguí.

Mires donde mires, la vida tiene lecciones que enseñarte que tienes que aceptar. Antes, habrías considerado tus relaciones tóxicas como algo malo, y ciertamente lo eran. Pero has podido aprender tanto sobre ti mismo y sobre el trato con otras personas que tu vida va a dar un giro de 180°. Mantén la calma ante el cambio, se consciente de que cada vez eres más sabio y sigue aprendiendo a lo largo de tu camino.

6. Crea una estrategia para tus objetivos

Muchas personas no consiguen alcanzar sus objetivos porque no lo han planificado. No basta con decir "Quiero estar libre de hipotecas dentro de 15 años" o "Quiero hacer ese crucero dentro de dos años".

Ambos son objetivos importantes y, aunque escribirlos los hace más concretos, no significa automáticamente que vayan a cumplirse. Tanto los objetivos a corto como a largo plazo deben dividirse en pasos más pequeños y alcanzables.

Trabajar en pasos más pequeños es más fácil de conseguir, empiezas a ver progresos con los objetivos más grandes y te ayuda a mantener estos objetivos más grandes a la vista.

7. Deja de esperar a los demás

¿Recuerdas cuando estabas en el instituto y tú y tu mejor amigo tenían sus vidas paralelas totalmente planeadas? En un mundo ideal, nuestros caminos correrían al mismo ritmo que el de nuestros seres queridos, pero la mayoría de las veces, te encontrarás esperando a los demás, lo que significa que no eres capaz de conseguir las cosas que quieres hacer. ¿Es justo que tu avance profesional quede en suspenso para que tu pareja pueda cumplir sus sueños?

Es sano discutir y ponerse de acuerdo sobre los grandes cambios de la vida, pero no es sano ser quien siempre está esperando a los demás. Para ser dueño de tu propia vida, tienes que fijar un calendario para tus objetivos y sueños y hacer de ello tu prioridad.

8. Construye una rutina que te anime y te mantenga centrado

Una buena rutina es esencial para construir hábitos saludables en tu día a día. Cuando empezamos a practicar hábitos saludables con regularidad, se reducen los niveles de estrés, se controla la ansiedad y, al mejorar la gestión del tiempo, tendremos más tiempo libre para hacer las cosas que nos gustan.

Mantenerte en forma tiene que ser una prioridad si quieres sentirte bien contigo mismo y mantenerte mental y físicamente sano.

Tu forma física puede incluir la forma aeróbica y muscular, así como la flexibilidad (American College of Sports Medicine). La nutrición, el sueño y la salud emocional y mental también influyen en la forma física (Oken, 2019). Aquí tienes algunas ideas que puedes incorporar a tu rutina diaria:

- Dedícate tiempo suficiente por la mañana para no empezar el día con prisas.

- Come fruta y verdura; toma suplementos vitamínicos si es necesario.

- Asegúrate de que tu dieta es equilibrada para que estés alimentando tu cuerpo con la energía que necesita.

- Bebe mucha agua: pon rodajas de fruta en el agua si te anima a beber más, y toma un vaso de agua con cada otra bebida.

- Evita el azúcar y la cafeína porque, aunque nos dan un rápido impulso de energía, puede que tus niveles de azúcar en sangre sigan siendo demasiado altos y esto puede provocar complicaciones con la diabetes o enfermedades cardiacas.

- Aumenta tu ritmo cardíaco. Es estupendo empezar el día con una breve sesión de cardio para que el cuerpo se mueva y el oxígeno fluya hacia el cerebro, seguida de una ducha refrescante. Empieza el día a tope.

- Muévete durante el día. Para quienes tienen un trabajo de oficina, es importante moverse con regularidad. Intenta subir por las escaleras en lugar de coger el ascensor y no te sientas culpable por alejarte de tu escritorio durante unos minutos.

El tiempo que estés en tu escritorio será más productivo y tus ojos descansarán de la pantalla.

- Dedica tiempo a hacer algo que te guste. Pueden ser 20 minutos leyendo un libro, hablando con un amigo, navegando por las redes sociales o dedicándote a alguna de tus aficiones.

- Tómate cinco minutos de tiempo para ti cada día. Esto no es lo mismo que tiempo de pasatiempo.

Son cinco minutos de nada, sin tecnología, sin televisión, simplemente siéntate y observa el mundo en un estado de paz y calma. Asimila toda la positividad que te rodea.

- Establece límites de tiempo para tus actividades. Asegúrate de que sean realistas o te verás incapaz de completarlo todo y eso no es motivador.

Ser estricto con tu tiempo reducirá el estrés y te permitirá conseguir lo máximo que puedas.

- Escribe tu lista de tareas el día anterior para que no te encuentres preocupado por ellas al día siguiente, cuando deberías estar relajándote.

- Termina el día sin dispositivos. En su lugar, escribe tres cosas positivas de tu día.

9. Practica el yoga y la mediación

Ni el yoga ni la meditación son tan hippies como parecen, y son herramientas valiosas para ayudar tanto al cuerpo como a la mente. Ciertas posturas de yoga te ayudarán a detectar desequilibrios en el cuerpo y a aumentar el flujo de energía.

Es el tipo de cosa que no creerás hasta que la pruebes, pero incluso después de una sesión, notarás una diferencia, como una increíble sensación de calma, y estirar el cuerpo es energizante.

Yo utilizo la aplicación Fiton para sesiones de yoga guiadas. Y también hay muchos otros entrenamientos cortos que son estupendos para las mañanas. La meditación fomenta un estado en el que te apartas de la situación emocional para que tu cerebro pueda tomar el control y llevarte a un estado de calma.

La meditación puede utilizarse como técnica de respuesta rápida en momentos de estrés o depresión, pero como no necesitas mucho tiempo, puedes dedicar sólo cinco minutos a meditar a lo largo del día. No siempre es fácil despejar la mente, por lo que también te recomiendo aplicaciones como Headspace para guiarte en la meditación y ayudarte a concentrarte en la respiración.

10. Crea tus propias afirmaciones de vida

Con suerte, habrás creado algunas afirmaciones para el empoderamiento personal. Si todavía estás jugando con algunas ideas, quizá quieras pensar en afirmaciones para ser dueño de tu vida:

- Se supone que hoy estoy donde estoy.
- Se supone que tengo que tener el aspecto que tengo.

- Los acontecimientos de mi vida me han conducido hoy al lugar correcto.

- Por algo estoy donde estoy.

Puedes ser tan creativo como quieras e incluso añadir algunos adjetivos potentes a las ideas anteriores.

No te sientas abrumado por todas estas ideas. Si tienes en cuenta todos los demás consejos y técnicas que hemos visto en este libro, probablemente sientas que hay mucho que hacer. Esto es cierto, pero siempre es mejor empezar a hacer pequeños cambios que perduren que precipitarlo todo de una vez.

CONCLUSIÓN

Independientemente de la edad, raza, cultura, preferencia sexual o profesión, conocerás personas difíciles. Puede que se escondan a plena vista, puede que te atraigan con amabilidad, cumplidos y amor y luego revelen sus verdaderos colores, pero como dice el viejo proverbio, no puedes balancear un gato muerto sin golpear a una persona difícil, o sea, sin importar dónde vayas o con quién te encuentres, es casi inevitable cruzarte con personas difíciles o problemáticas.

Luchar contra las personas difíciles y tóxicas que hay en tu vida no tiene sentido, ya lo sabes. Después de meses y años esforzándote al máximo por convertir la relación en una relación sana, ahora deberías haberte dado cuenta de que estás malgastando tus esfuerzos. La gente se ha aprovechado de tu asombrosa personalidad y eso te ha llevado a sentirte emocional y físicamente agotado, y en algunos casos, mucho peor.

En lugar de preguntarte una y otra vez cosas como "¿Por qué yo? y "¿Qué he hecho para merecer esto?", has tomado la decisión más empoderadora de recuperar tu propia vida. Porque no hay nada que hayas hecho mal. Si esta persona no se hubiera unido a ti, habría encontrado a otra persona y la habría tratado exactamente igual. Ahora es el momento de tomar estas horrendas experiencias, utilizarlas como experiencias de aprendizaje y dejar ir tu sufrimiento.

Probablemente aún te sientas frágil durante estos primeros días y semanas y no estés emocionalmente preparado para enfrentarte a las personas tóxicas que te rodean. ¡No pasa nada! Por eso el primer gran paso consiste siempre en la autorreflexión y la planificación. Tómate el tiempo que necesites para evaluar todas tus relaciones. Establece tres columnas para las buenas, las que necesitan trabajo y las personas que sabes que ya no quieres en tu vida. Reevalúa tus objetivos, las cosas que te hacen feliz y cómo quieres imaginar tu vida dentro de un año, de cinco y de diez. Aunque a nadie le gusta admitir que tiene defectos, mira en tu interior y ve qué cambios puedes hacer para ser más positivo.

Es para los sociópatas y manipuladores para quienes necesitarás más fuerza y resistencia. Intentarán todas las técnicas posibles para hacerte cambiar de opinión y volver a meterse en tu vida. Necesitarás sentirte emocionalmente más fuerte para poder mantenerte firme. Empieza con los cambios que te gustaría ver en las personas difíciles, quizá algo que tenga un impacto negativo en tu vida, pero que sea un amigo que comprenderá cuando le expliques tus sentimientos. Observa algún progreso, gana confianza y luego sé firme con aquellos cuyo comportamiento tóxico te ha causado más daño.

No olvides nunca que tu seguridad tiene que ser lo primero. Por favor, no intentes tratar con una persona tóxica si ha sido agresiva contigo en el pasado o temes que pueda hacerte daño físicamente. Hay formas de tratar con estas personas, pero nunca cuando estés solo. No eres responsable de cómo reaccionen, pero sí de tu seguridad.

Asegúrate de practicar todo lo que quieres decir a una persona difícil antes de hablar con ella. Concéntrate en tus frases "Yo" en lugar de "Tú" para que no parezca que les estás culpando. La práctica equivale a la preparación y tendrá un impacto positivo en la forma en que transmitas tu mensaje. No olvides que todos los límites que establezcas deben tener consecuencias que estés dispuesto a cumplir. Espera que la gente se oponga y que digan cosas duras. Esto depende de ellos, no de ti. Puedes elegir cómo reaccionar ante las personas difíciles y elevarte por encima de ellas.

Poco a poco, irás mejorando. Tendrás días buenos y días malos y, poco a poco, los días malos serán menos frecuentes. Verás que mereces ser feliz, respetado y apreciado. Mereces vivir tu vida de la forma que deseas. Si eliminas a las personas tóxicas de tu vida que no van a cambiar, darás paso a nuevas relaciones, y toda tu nueva sabiduría garantizará que esas relaciones sean sanas y equilibradas. No seas duro contigo mismo. Aún puedes cometer errores. ¡Aprende y déjate llevar!

Sólo porque otras personas elijan ser negativas, no significa que tengas que sentirte culpable por disfrutar de tu vida. Recuerda que sólo hay un guion entre tus citas y que la vida es demasiado corta para no divertirse. Sonríe, ríe, baila, canta, siéntete orgulloso de quién eres y, sobre todo, ¡sé feliz!

Quiero darte las gracias por haber elegido leer este libro. Sé que, al igual que yo, puedes cambiar tu camino y te deseo todo lo mejor para este nuevo e increíble viaje que estás a punto de emprender. Te ruego que tengas la amabilidad de dejar una breve reseña en Amazon. De esta manera, estoy seguro de que juntos podremos ayudar a más personas a superar también las dificultades por las que están pasando.

BIBLIOGRAFÍA

11 Warning Signs you are Dealing with a Workplace Sociopath. (2022, August 16). *www.marie-claireross.com*. https://www.marie-claireross.com/blog/11-warning-signs-you-are-dealing-with-a-workplace-sociopath

A study of the etiology of sociopathic behavior. (1974a, September 1). PubMed. https://pubmed.ncbi.nlm.nih.gov/17894069/

Alegria, A. A. (2013, July). Sex differences in antisocial personality disorder: results from the National Epidemiological Survey on Alcohol and Related Conditions. PubMed. https://pubmed.ncbi.nlm.nih.gov/23544428/

Altomara, D. (2023, December 26). *Sociopaths: warning signs and red flags*. WebMD. https://www.webmd.com/mental-health/signs-sociopath

American Museum of Natural History. (n.d.). Your Emotional Brain | AMNH. Retrieved July 5, 2021, from https://www.amnh.org/exhibitions/brain-the-inside-story/your-emotional-brain

American Psychiatric Association. (n.d.). What Are Sleep Disorders? Web Starter Kit. Retrieved July 2, 2021, from https://www.psychiatry.org/patients-families/sleep-disorders/what-are-sleep-disorders

Antisocial personality disorder - Symptoms and causes. (n.d.). Mayo Clinic. https://www.mayoclinic.org/diseases-conditions/antisocial-personality-disorder/symptoms-causes/syc-20353928

A-Z Quotes. (n.d.). *Denzel Washington Quote*. https://www.azquotes.com/quote/1281937

Azam, S. (2019, December 19). Brain Chemicals. Peak. https://blog.peak.net/2019/10/29/brain-chemicals/

Barberio, I. (n.d.). *Removing toxicity and letting go of self-limiting beliefs*. Inez Barberio - Emotional Intelligence and Diversity Inclusion. https://www.inezbarberio.com/blog/removing-toxicity-self-limiting-beliefs

Barkley, S. (2023, May 5). *Am I The Problem? 6 Signs of a Person with Toxic Traits*. Psych Central. https://psychcentral.com/relationships/maybe-the-problem-is-you

BetterHelp Editorial Team. (2024, June 4). *Dating a Sociopathic Person: What to be aware of | BetterHelp*. https://www.betterhelp.com/advice/sociopathy/dating-a-sociopath-what-to-be-aware-of/

Bold, S. (n.d.). Emotional Healing with Meditation & Mindfulness | | Healing Holidays. HealingHolidays. Retrieved July 5, 2021, from https://www.healing-holidays.com/blog/emotional-healing-with-meditation-mindfulness

Brainy Quote. (n.d.). *Conflict quotes*. https://www.brainyquote.com/topics/conflict-quotes

Brooke, A. (2018, November 7). 4 Ways to Identify Your Own Toxic Behaviors in Relationships. The Temper. https://www.thetemper.com/4-ways-to-identify-your-own-toxic-behaviors-in-relationships/

Charuk, J. (2018, October 18). 6 Steps to Get Rid of Your Limiting Beliefs. Charuk Studios. http://www.charukstudios.com/blog/6-steps-to-get-rid-of-your-limiting-beliefs

Choi, C. L. Q. (2016, June 20). "Artificial Synapses" Could Let Supercomputers Mimic the Human Brain. Scientific American. https://www.scientificamerican.com/article/artificial-synapses-could-let-supercomputers-mimic-the-human-brain/

Choose to Be Happy with These Happiness is a Choice Quotes. (n.d.). EnkiQuotes. Retrieved June 22, 2021, from https://www.enkiquotes.com/happiness-is-a-choice-quotes.html

Cikanavicius, D. (2018, October 14). *Dangerous dark traits among narcissists, abusers, and toxic people.* Psych Central. https://psychcentral.com/blog/psychology-self/2018/10/dark-narcissist-traits#1

Clear, J. (2019, February 19). You're Not Good Enough to Feel Disappointed. James Clear. https://jamesclear.com/good-disappointed

Cleveland Clinic. (2024, May 1). *Personality disorders.* https://my.clevelandclinic.org/health/diseases/9636-personality-disorders-overview

Collins. (n.d.). *Definition of "victim."* Collins Dictionary. https://www.collinsdictionary.com/dictionary/english/victim

Darcy, A. M., & Jacobson, S. (2023, March 6). *Traumatic Bonding – How to break free of trauma bonds.* Harley Therapy^{TM} Blog. https://www.harleytherapy.co.uk/counselling/traumatic-bonding-break-trauma-bonds.htm

Dark Triad. (n.d.). Psychology Today. https://www.psychologytoday.com/us/basics/dark-triad

Dawn. (2021, January 29). *"Respond intelligently even to unintelligent treatment."* One Smart Fortunate Cookie. https://onesmartfortunatecookie.wordpress.com/2019/06/02/respond-intelligently-even-to-unintelligent-treatment/

Day, C. (2020, June 19). *I worked for a sociopath and here's what it's like. . .* https://www.linkedin.com/pulse/i-worked-sociopath-heres-what-its-like-christine-day/

Dialogues Clin Neurosci. (2010, March 1). The genetic epidemiology of personality disorders. PubMed Central (PMC). https://www.ncbi.nlm.nih.gov/pmc/articles/PMC3181941/

Doll, B. R. (2012, November 7). How to Recognize a Sociopath. Agnesian HealthCare. https://www.agnesian.com/blog/how-recognize-sociopath

Dombeck, M., PhD. (n.d.). Nature, Nurture and Psychopathy—Personality Disorders. Mental Health. Retrieved July 5, 2021, from https://www.mentalhelp.net/blogs/nature-nurture-and-psychopathy/

Dr. Ramani. (2020, July 13). 11 tactics for not letting narcissists into your life in the first place [Video]. YouTube. https://www.youtube.com/watch?v=UdcGsbcANj8

Evenson, R. (2013). *Powerful Phrases for Dealing with Difficult People: Over 325 Ready-to-Use Words and Phrases for Working with Challenging Personalities* (1st ed.). AMACOM Books.

Friedman, W. J. (n.d.). Developing An Inner Meter on Manipulation—A Critical Life Skill—Wellness, Disease Prevention, And Stress Reduction Information. Mentalhelp.Net. Retrieved June 21, 2021, from https://www.mentalhelp.net/blogs/developing-an-inner-meter-on-manipulation-a-critical-life-skill/

Habits: How They Form and How To Break Them. (2012, March 5). Npr.Org. https://choice.npr.org/index.html?origin=https://www.npr.org/2012/03/05/147192599/habits-how-they-form-and-how-to-break-them?t=1625241026390

Health Benefits of Social Interaction—Mercy Medical Center. (n.d.). Mercy Care. Retrieved July 5, 2021, from https://www.mercycare.org/bhs/eap/resources/health-benefits-of-social-interaction/

How to Heal from Emotional Abuse: The Ultimate Guide to Recovery [Update 2023]. (2023, July 5). Eddins Counseling Group – Houston & Sugar Land, TX. https://eddinscounseling.com/how-to-heal-from-emotional-abuse/

Ifeanyi, D. (2022, August 22). Are you a people pleaser? [+ How to stop being too Nice in 3 simple steps]. *Pawns: Grow up - Level up - Step Up*. https://pawns.com.ng/people-pleaser/

Itani, O. (2021, February 28). You Are What You Think: How Your Thoughts Create Your Reality. OMAR ITANI. https://www.omaritani.com/blog/what-you-think

Janecic, P. (2020, June 1). How Your Perception Creates a Different Reality. Mind of Steel. https://themindofsteel.com/perception/

Journal of Women's Health. (2011, December). Sleep Disturbances and Their Association With Mental Health Among Women Exposed to Intimate Partner Violence. Www.Ncbi.Nlm.Nih.Gov. https://www.ncbi.nlm.nih.gov/pmc/articles/PMC3236986/

Katherine, C.-A. (2022, February 8). Healing Doesn't mean the damage never existed. *The Graceful Boon - A Guide To Women's Issues*. https://thegracefulboon.com/2022/02/08/healing-doesnt-mean-the-damage-never-existed/

Kass, A. (n.d.). How To Heal From Emotional Abuse [7-steps]. Go Smart Life. Retrieved July 5, 2021, from https://www.gosmartlife.com/emotional-abuse-in-marriage/emotional-abuse-healing

Khoddam, R. (2014, August 20). The Truth Will Set You Free. Psychology Today. https://www.psychologytoday.com/us/blog/the-addiction-connection/201408/the-truth-will-set-you-free

Kryger, K. (2023, December 24). *105 Toxic People Quotes to help get rid of the negativity in your life*. Parade. https://parade.com/living/toxic-people-quotes

Lancer, D. (2018, December 10). Beware of the Malevolent Dark Triad.

Psychologytoday. https://www.psychologytoday.com/us/blog/toxic-relationships/201812/beware-the-malevolent-dark-triad

Lancer, D. (2023, August 1). *Myths about narcissism*. What Is Codependency? https://whatiscodependency.com/myths-about-narcissism/

Letting it go: getting past negative emotions. (n.d.). https://www.columbiadoctors.org/health-library/article/letting-it-go-getting-past-negative-emotions/

The link between serial killers and head trauma. (n.d.). Crime+Investigation UK. Retrieved July 2, 2021, from https://www.crimeandinvestigation.co.uk/article/the-link-between-serial-killers-and-head-trauma

Live Your Dream—Life, Business, Career & Health Coaching. (2019, November 28). Move Beyond | Live Your Dream. http://www.movebeyond.net

Lpcc, S. S. (2019, October 11). *Coping with Sociopaths (Antisocial Personality Disorder)*. Psych Central. https://psychcentral.com/pro/recovery-expert/2019/10/coping-with-sociopaths-antisocial-personality-disorder#1

McAvoy, K., PhD. (2020, September 24). How to Survive Living with a Sociopath - Kerry McAvoy, PhD. *Kerry McAvoy*. https://kerrymcavoyphd.com/how-to-survive-living-with-a-sociopath/

Manipulation. (2019, March 26). GoodTherapy.Org Therapy Blog. https://www.goodtherapy.org/blog/psychpedia/manipulation

Main, N. (2024, March 18). The sociopath next door: Middle-class LA mom-of-two reveals what it's REALLY like living with. . . *Mail Online*. https://www.dailymail.co.uk/sciencetech/article-13196853/Sociopath-battling-personality-disorder.html

Marripedia. (n.d.). Effects of Divorce on Children's Future Relationships [Marripedia]. Www.Marripedia.Org. Retrieved July 2, 2021, from http://marripedia.org/effect_of_divorce_on_children_s_future_relationships

Martens, W. H. J., MD PhD. (2020, July 9). What Lies Behind: The Hidden Suffering of the Psychopath. Psychiatric Times. https://www.psychiatrictimes.com/view/what-lays-behind-the-hidden-suffering-of-the-psychopath

Matsumoto, D. (2019, December 4). The Seven Basic Emotions: Do You Know Them? David Matsumoto. Medium. https://davidmatsumoto.medium.com/the-seven-basic-emotions-do-you-know-them-66e6564b0208

Mayo Clinic. (n.d.). Narcissistic personality disorder—Symptoms and causes. Retrieved July 5, 2021, from https://www.mayoclinic.org/diseases-conditions/narcissistic-personality-disorder/symptoms-causes/syc-20366662

McGregor, J. (2014, December 2). Breaking Up With A Sociopath. Welldoing. https://welldoing.org/article/breaking-up-with-a-sociopath

Merriam-Webster. (n.d.). Support system. In *Merriam-Webster Dictionary*. https://www.merriam-webster.com/dictionary/support%20system

mindbodygreen. (2021, June 30). There Are At Least 8 Types Of Narcissists—Which Ones Are Dangerous?https://www.mindbodygreen.com/articles/types-of-narcissists

MindTools | Home. (n.d.). https://www.mindtools.com/axtfdfb/dealing-with-manipulative-people

Morin, A. (2017, August 7). 7 Science-Backed Reasons You Should Spend More Time Alone. Forbes. https://www.forbes.com/sites/amymorin/2017/08/05/7-science-backed-reasons-you-should-spend-more-time-alone/?sh=75a9bc711b7e

NNEDV. (2016, November 3). *Emotional abuse is anything but "Tender": Myths and reality.* https://nnedv.org/latest_update/emotional-abuse-anything-tender-myths-reality/

Pietrangelo, A. (2019, March 6). 10 Tips for Dealing with a Narcissistic Personality. Healthline. https://www.healthline.com/health/how-to-deal-with-a-narcissist

Psychology Today. (n.d.). *Trauma bonding.* https://www.psychologytoday.com/us/basics/trauma-bonding

The Power of Acceptance | Dylan Woon | TEDxKangar. (2018, March 30). [Video]. YouTube. https://www.youtube.com/watch?v=-mQKf3Fz5KA

Quoter, H. (2021, March 29). *Just Remember, We are All Toxic.* Fractal Enlightenment. https://fractalenlightenment.com/51182/quotes/just-remember-we-are-all-toxic

Quotes about people talking about you - DesiQuotes.com. (n.d.). https://www.desiquotes.com/quotes-about-people-talking-about-you/

Reader, L. (2023, April 16). *A classic Lovefraud story: I married a sociopath.* Lovefraud | Escape Sociopaths - Narcissists in Relationships. https://lovefraud.com/a-classic-lovefraud-story-i-married-a-sociopath/

Rebeca Zung. (2020, March 4). Phrases to Disarm a Narcissist [Video]. YouTube. https://www.youtube.com/watch?v=e6vJoq-6mXU

Rhein, W. (2022, November 3). The manipulative way narcissists turn friends & family against you. *Medium.* https://medium.com/heart-affairs/the-manipulative-way-narcissists-turn-friends-family-against-you-147e25149d61

Robinson, L., & Segal, J., PhD. (2024, February 5). The Health and Mood-Boosting Benefits of Pets - HelpGuide.org. *HelpGuide.org.* https://www.helpguide.org/wellness/pets/mood-boosting-power-of-dogs

Sapolsky, R. M. (2020, December 30). The teenage brain: Why some years are (a lot) crazier than others. Big Think. https://bigthink.com/videos/what-age-is-brain-fully-developed

Science Direct. (2014, May 1). Neurodevelopmental and psychosocial risk factors in serial killers and mass murderers. https://www.sciencedirect.com/science/article/pii/S1359178914000305

Shortsleeve, C. (2018, October 16). How to Tell If Someone Is Manipulating You —And What to Do About It. Time. https://time.com/5411624/how-to-tell-if-being-manipulated/

Sterner, S. (2018, January 30). 5 Questions to Help You Stop Being Manipulated. Steph Sterner. https://stephsterner.com/5-questions-help-being-manipulated/

Stillman, J. (2021, January 7). 10 Techniques Used by Manipulators (and How to Fight Them). Inc.Com. https://www.inc.com/jessica-stillman/10-popular-techniques-used-by-manipulators-and-how-to-fight-them.html

Terng, L. Y. (2020, June 6). 5 Things Toxic People Have In Common—Age of Awareness. Medium. https://medium.com/age-of-awareness/5-things-toxic-people-have-in-common-2d50a8723e7c

Tolles, J. (2017, January 9). How to Embrace True Power. Spiritual Awakening Process. https://www.spiritualawakeningprocess.com/2017/01/how-to-embrace-true-power.html

Tull, M. (2020, March 22). Coping With Isolation When You Are Suicidal and Have PTSD. Verywell Mind. https://www.verywellmind.com/ptsd-and-suicide-2797540

Types of Depression. (2008, May 22). WebMD. https://www.webmd.com/depression/guide/depression-types

Universidad Carlos III de Madrid. (n.d.). A study on human behavior has identified four basic personality types | UC3M. Www.Uc3m.Es. Retrieved July 2, 2021, from https://www.uc3m.es/ss/Satellite/UC3MInstitucional/en/Detalle/Comunicacion_C/1371223155576/1371216052182/A_study_on_human_behavior_has_identified_four_basic_personality_types

Wikipedia contributors. (2021, July 1). Narcissism. Wikipedia. https://en.wikipedia.org/wiki/Narcissism

Young, K. (2021, May 23). Toxic People: 12 Things They Do and How to Deal with Them. Hey Sigmund. https://www.heysigmund.com/toxic-people/

Zobolas, C. (2024, July 8). *Forming Healthy Relationships After Abuse | Denver, CO — Chadley Zobolas Therapy Group*. Chadley Zobolas Therapy Group. https://www.chadleyzobolastherapy.com/blog/forming-healthy-relationships-after-abuse

www.ingramcontent.com/pod-product-compliance
Lightning Source LLC
LaVergne TN
LVHW041943070526
838199LV00051BA/2884